W0045372

GOLDMANN
Lesen erleben

*Buch*

Der bekannte Bewusstseinsforscher Kurt Tepperwein weist in seinem neuen Buch den Weg zu einem selbstbestimmten Leben, in dem man Hilflosigkeit und Gefühle der Schwäche hinter sich lässt.
Mit dem Gesetz des Selbstbildes wird dafür der Grundstein gelegt: Werden Sie, wer Sie sind, und schon sind Sie dem Leben, das Sie schon immer führen wollten, ein Stück näher gekommen. Der zweite Schritt ist die Achtung sich selbst gegenüber, gefolgt von Selbstliebe und Selbstvertrauen. Sie alle sind wesentliche Bestandteile einer gesunden und vollständigen Persönlichkeit. Aber auch Selbstdisziplin ist wichtig für das Wohlbefinden, da sie alles zusammenhält. Sich selbst zu erkennen, zu bestimmen und seiner selbst bewusst zu werden sind die letzten drei Stufen auf dem Weg zu einem erfüllten Leben.
Wenn Sie mit diesen acht Gesetzen in Einklang leben, haben Sie Ihr Leben selbst in die Hand genommen. Sie sind unabhängig und frei, Ihr ganz persönliches Glück zu leben.

*Autor*

Kurt Tepperwein, geboren 1932, früher erfolgreicher Unternehmer, ist heute einer der bekanntesten Lebenslehrer Europas. Er lehrte als Dozent an verschiedenen internationalen Institutionen. Die von ihm entwickelte Technik des Mental- und Intuitionstrainings ist für viele heute ein unverzichtbarer Bestandteil ihres Lebens. Kurt Tepperwein ist Autor von mehr als 80 Büchern, zahlreichen DVDs, Audiotapes und CDs. Wenn er sich nicht auf Vortragsreise befindet, lebt er auf Teneriffa.

*Von Kurt Tepperwein außerdem im Programm:*

Die Kraft der Intuition (17272)
Nie mehr ärgern, bewusster leben (16970)
Ihr Leben als Meisterwerk (16934)
Erfinde dich neu (16582)
Das Geldgeheimnis (16380)
Die Kunst mühelosen Lernens (10459)

Kurt Tepperwein

# Lebe deine Kraft

Die 8 Gesetze der Selbstverantwortung

GOLDMANN

Alle Ratschläge in diesem Buch wurden vom Autor und vom Verlag sorgfältig erwogen und geprüft. Eine Garantie kann dennoch nicht übernommen werden. Eine Haftung des Autors beziehungsweise des Verlags und seiner Beauftragten für Personen-, Sach- und Vermögensschäden ist daher ausgeschlossen.

Verlagsgruppe Random House FSC-DEU-0100
Das für diese Buch verwendete FSC®-zertifizierte Papier
*Classic 95* liefert Stora Enso, Finnland.

1. Auflage
Vollständige Taschenbuchausgabe März 2012
Wilhelm Goldmann Verlag, München,
in der Verlagsgruppe Random House GmbH
Copyright © 2012 Wilhelm Goldmann Verlag, München,
in der Verlagsgruppe Random House GmbH
Umschlaggestaltung: Uno Werbeagentur, München
Umschlagillustration: © Mauritius Images / Garden Picture Library
Satz: Uhl + Massopust, Aalen
Druck: GGP Media GmbH, Pößneck
BK · Herstellung: IH
Printed in Germany
ISBN 978-3-442-17296-2

www.goldmann-verlag.de

# Inhalt

# Einklang

Sie wünschen sich, Ihre geheimen Kräfte und Fähigkeiten zu entdecken und sie zu entfalten? Sie erfahren hier, wie die Spielregeln des Lebens funktionieren und werden dadurch bewusst für ein erfolgreiches und erfülltes Leben – in höchster Selbstverantwortung für sich und in Mitverantwortung für andere.

Sie können alles vom Leben haben, wenn Sie bereit sind anzufangen, Ihr Leben wirklich zu führen. Lernen Sie die 8 ultimativen Gesetze der Selbstverantwortung kennen, erfahren Sie die geheimen Wirkkräfte und wenden Sie die Gesetze an. Lassen Sie sich angenehm überraschen von dem glücklichen neuen Leben, das Sie erreichen können. Es lohnt sich, eine erfüllende Zukunft zu erschaffen, denn Sie werden den Rest Ihres Lebens darin verbringen.

Wenn wir in ein Leben eintreten, liegt die faszinierende Aufgabe vor uns, dieses Leben in höchster Selbstverantwortung zu meistern. *Selbst*verantwortung heißt, dass wir unser *Selbst* erkennen, kennen und anerkennen und Verantwortung für alles übernehmen, was wir mit diesem *Selbst* verursachen. Dann antwortet das Leben auf seine Weise mit Gesundheit, Glück, Wohlbefinden und Wohlstand.

Der erste Schritt, um zu haben, was man will, ist bewusst zu sein und Selbstverantwortung für das eigene Leben zu übernehmen – und zwar so, wie es jetzt ist. Dann geht es darum zu erfahren und zu erkennen, dass das Leben ein Spiel ist und Sie wählen können, ob Sie als Spielfigur teilnehmen oder als bewusster Spieler. Ja, Sie können sogar bestimmen, welches Spiel in Ihrem Leben gespielt wird.

Schon mit 17 Jahren interessierte es mich, warum einige Menschen Erfolg im Spiel des Lebens haben und andere nicht. Eines Tages bekam ich ein Buch mit dem Titel *Das Geheimnis des Reichtums* in die Hände. Ich habe das Buch damals verschlungen und immer wieder erneut zur Hand genommen. Das Geheimnis des Reichtums stand zwar nicht darin, aber es beinhaltete die Biographien der reichsten Männer und Frauen der Welt. So las ich immer mehr Biographien der Erfolgreichen, um den Schlüssel des Erfolgs zu finden, und habe dabei einige faszinierende Entdeckungen gemacht.

Das Wichtigste: Erfolg ist nicht etwas, das einigen Auserwählten in den Schoß fällt, während er für die meisten unerreichbar bleibt. Vielmehr ist Erfolg ein Produkt, das man wie jedes andere Produkt herstellen kann.

Erfolgreich sein kann jeder lernen – wie eine Fremdsprache. Der eine tut sich damit ein wenig schwerer, dem anderen fällt es ganz leicht. Aber letztlich kann es jeder. Auch Sie können in jedem Augenblick damit beginnen.

Mit den 8 ultimativen Gesetzen der Selbstverantwortung lernen Sie die Gesetzmäßigkeiten des Erfolgs und der verborgenen schöpferischen Wirkkräfte kennen. Sie erfahren den Weg vom *Ich* zum *Ich bin* und erinnern sich daran, wie Sie in Kontakt mit Ihrer Schöpferkraft kommen und diese mit speziellen »Werkzeugen« gezielt anwenden.

Damit können Sie so viel Erfolg erschaffen, wie Sie wollen. Und so unglaublich es klingen mag, Sie können in jedem einzelnen Fall erfolgreich sein. Sobald Sie die Gesetzmäßigkeiten des Erfolgs beachten und anwenden, wird Ihr Erfolg unvermeidlich. Zum wirklichen Erfolg gehören Gesundheit, Freude und Glück und vor allem Erfüllung. Denn Erfolg ist nur mit Erfüllung ein Erfolg.

Es ist kein Zufall, dass es die »ultimativen« Gesetze sind. Das Wort »ultimativ« hat zwei Bedeutungen: einschneidend und nachdrücklich. Ultimativ heißt, dass etwas unmissverständlich, tiefgreifend, bedeutungsvoll und wirkungsvoll energisch zur Wirkung kommt.

Die 8 »ultimativen« Gesetze sind wirksam, ob wir von ihnen Kenntnis haben und sie beachten oder nicht. Die Gesetze haben gleichermaßen Gültigkeit für jeden, da es universale Gesetze sind. Mit ihnen verbunden ist auch ein Ultimatum: Wer nicht im Einklang mit den 8 Gesetzen der Selbstverantwortung lebt, bekommt die (schmerzhaften) Wirkungen in Form von Leid, Schicksalsschlägen, Armut und Krankheit zu spüren.

Das Ziel ist, dass Sie die 8 ultimativen Gesetze der Selbstverantwortung kennen- und anwenden lernen und sich so schnell und umfassend an die Wirklichkeit Ihres *Seins* erinnern und auch mit anderen Menschen teilen. Je mehr Sie Ihr individuelles Potenzial entfalten, Erfahrungen damit sammeln und als lebendes Beispiel für möglichst viele Menschen glaubhaft wirken, desto mehr werden Sie zum Weg. Sie erinnern andere an deren eigene Schöpferkraft und ermutigen sie, ebenfalls den Weg der Selbstverantwortung zu gehen.

Selbstverantwortung führt zur Selbstermächtigung: Es bedeutet, im vollen Bewusstsein seines *Selbst* in der Vollmacht seiner Schöpferkraft zum Wohle des Ganzen zu wirken – gerade jetzt, in Zeiten der individuellen und globalen Herausforderungen und Veränderungen.

# 1. Das Gesetz des Selbstbildes

Erkenne dich selbst! Werde, der du bist! »Gnothi Seautón«, so lautet diese Weisheit im griechischen Original. Dieser Spruch stand in der Antike am Tempel des Apoll in Delphi. Er fordert zur Selbsterkenntnis als tägliche Übung auf. Dies ist die Basis eines sinnerfüllten Denkens und Lebens. Selbsterkenntnis ist der Anfang des Bewusstseinsweges.

Wie viel Prozent Bewusstsein haben Sie jetzt? Ein Ziel dieses Buches ist, dass Sie zu Bewusstsein kommen. Es geht um die Erkenntnis: *Ich bin* ein Schöpfer.

Wir sind immer Schöpfer unserer Lebensumstände, haben aber nicht gelernt, diese zu beherrschen und zu bestimmen. Wir nennen diese Welt Kosmos; das bedeutet Ordnung. In dieser Ordnung ist kein Platz für Zufall, Glück oder Pech. Alles Geschehen auf dieser Welt gehorcht dem Prinzip von Ursache und Wirkung. Alles Sichtbare in der Schöpfung ist eine Wirkung, hinter der ein Schöpfer steht, dessen Wille sich auswirkt. Denn wo eine Schöpfung ist, muss immer auch ein Schöpfer sein. Das zu Grunde liegende naturwissenschaftliche Gesetz lautet: »Nichts kommt von nichts.«

Immer besteht ein Zusammenhang zwischen dem, was war, und dem, was folgt. Das, was wir Zufall nennen, ist nur ein Ausdruck für eine verborgene, unbekannte Ursache.

Auch für unser Wollen gibt es eine Ursache. Diese setzt sich zusammen aus Meinungen, Erfahrungen, Glaubenssätzen und Umwelteinflüssen (Freunde, Bekannte, Medien). Und doch haben wir in jedem Augenblick des Lebens die Möglichkeit, in diese Kette von Ursache und Wirkung einzugreifen, eine neue Ursache zu setzen und damit die Wirkung zu verändern.

Es geht darum, für alles, was geschieht, Verantwortung zu übernehmen und sein Leben selbst in die Hand zu nehmen. Das Ziel ist, selbstbestimmt Stück für Stück in Ihrem eigenen Rhythmus den Weg der Selbsterkenntnis und damit vom passiven Opfer zum aktiven Schöpfer Ihres Lebens zu gehen.

Das geistige Gesetz von Ursache und Wirkung hat keine Entscheidungsfreiheit, was es hervorbringen möchte. Das Gesetz ist nur der treue Diener des Schöpfers. Dabei entspricht jede Wirkung in Qualität und Quantität immer genau der Ursache. So gibt es auch keinen Zufall, denn auch er gehorcht dem Gesetz von Ursache und Wirkung.

Zufall ist das, was Ihnen auf Grund Ihres So-*Seins* zufällt. Zufall, Schicksal und Glück sind nur Bezeichnungen für einen nicht erkannten Zusammenhang. Im Wort Schicksal stecken die Silben »schick« und »sal« (= das Heil). Schicksal ist darum nichts Gottgewolltes, das Sie zufällig trifft, sondern etwas, das Ihnen zu Ihrem eigenen Heilwerden verhelfen soll.

Die Wissenschaft beginnt zu entdecken, was geistige Lehrer schon seit Jahrtausenden wissen: Unser Universum besteht in Wirklichkeit gar nicht aus »Materie«, sondern aus

Energie. Auch wir sind Energie, und alles um uns herum besteht aus Energie. Wir alle sind Bestandteile eines großen Energiefeldes, das wir Kosmos nennen. Auf der Ebene unserer Sinnesorgane scheinen die Dinge fest und voneinander getrennt. In Wirklichkeit aber sind wir ganz wörtlich alle »*eins*«.

Alle Materie entsteht und besteht nur durch die *eine Kraft*, das eine Bewusstsein, den einen Geist. Nicht die sichtbare, aber dabei doch vergängliche Materie ist das Reale, Wirkliche. Das Reale ist vielmehr der unsichtbare, ewige Geist, aus dem Sie entstanden sind. Das ist die einzige Wirklichkeit – das, was wirkt. Dieser Geist ist der Ursprung, die Quelle der Energie. Und Materie ist ein Ausdruck der Tätigkeit des Geistes. Interessant ist auch, dass die Wissenschaft bis heute reine Energie noch nicht wahrgenommen hat, sondern nur ihre Erscheinungen in Form von Licht, Materie, Wärme oder Klang.

Das Wort »Energie« kommt aus dem Griechischen und bedeutet »Wirkende Kraft«. Nach Albert Einstein kann Materie in Energie und Energie in Materie umgewandelt werden, da Materie nur eine besondere Erscheinungsform von Energie ist. Jede Energieform steht in einer ständigen Beziehung zueinander und wirkt aufeinander ein.

Energie schwingt mit unterschiedlicher Frequenz und ist dadurch feiner oder auch dichter. Materie ist eine recht dichte Form von Energie. Sie bewegt und verändert sich aus diesem Grund langsam. Gedanken sind eine feine Form von Energie und sind daher leicht und sofort zu ändern. Energie ist Geist in Aktion.

Das Wesentliche an allem Materiellen ist das Immaterielle, die geistige Struktur, die wir Bewusstsein nennen. Wir alle sind von unserem wahren Wesen her reines Bewusstsein. Ich bin nicht der Körper, ich bin nicht der Verstand, ich bin nicht die Persönlichkeit. Vielmehr habe ich einen Körper, ich habe einen Verstand, ich habe eine Persönlichkeit. In Wahrheit bin ich Bewusstsein. Da wir denken können, sind wir aufgerufen, als Mitschöpfer die Schöpfung mitzugestalten. Die Schöpfung ist zwar vollkommen, aber nicht vollendet und geschieht ständig durch uns. Mit jedem Gedanken geben wir der allgegenwärtigen Energie, der *einen Kraft*, eine bestimmte Form und verändern damit Schöpfung. Was immer ein Schöpfer (Sie selbst) in der Gewissheit des Glaubens denkt, *muss* in Erscheinung treten. Der feste Glaube bewegt die schöpferische Kraft in uns und die *eine Kraft* und bewirkt so, dass die freie Energie im Raum (Quantenfeld) die gewünschte Form annimmt und als Wirklichkeit, als Substanz, in Erscheinung tritt.

Schon das Wort »Substanz« gibt Ihnen wertvolle Hinweise. Es kommt von »sub« = unter und »stare« = stehen. Substanz ist also etwas, das etwas anderem, Höherem untersteht: Materie ist verdichteter Geist.

Eine Ursache besteht aus der Gedankenform (Saatgut) und dem Auslöser des persönlichen Handelns (Aussaat). Eine Gedankenform wiederum besteht aus drei Teilen:

- Wort: Die Information für den Verstand.
- Bild: Die Information für das Unterbewusstsein, denn seine Sprache ist die des Bildes.

- Gefühl: Das Gefühl gibt Wort und Bild die Kraft der Verwirklichung. Es ist quasi der »Motor«. Das Gefühl verbindet Gedanken und Emotionen. Emotionen liefern die Energie für unsere Ziele. Emotionen nähren unsere Gedanken und inneren Bilder. Im Fühlen spüren wir die Triebkraft unserer Emotionen und die lebendige Vorstellungswelt unserer Gedanken. Diese Gefühlswelt ist es, die Wirklichkeit schafft. Denn die schöpferische Kraft reagiert auf sie.

Dazu ist es hilfreich zu wissen, dass es im Grunde genommen nur zwei Hauptemotionen gibt: Liebe und Angst. Liebe ist die starke Kraft, die vorwärtsdrängt, die Sie trägt, die Neues erschafft und zur Blüte führt. Die Emotion Angst ist dagegen die hemmende, lähmende Kraft. Im höchsten Bewusstsein zu sein bedeutet darum zu erkennen, welche Gedanken und Emotionen in uns und in unseren Gefühlen vorherrschen. Denn die Energie folgt der Aufmerksamkeit.

Jede gesäte Ursache verwirklicht sich im selben Augenblick. Wie in der Natur auch, so braucht die Saat jedoch bis zur Ernte eine gewisse Zeit, um im Außen in Erscheinung zu treten.

Dazu ist es hilfreich, das »Gesetz der Imagination« zu kennen:

- Jede bildhafte Vorstellung, die uns erfüllt und mit entsprechenden Gefühlen »aufgeladen« ist, hat das Bestreben, sich zu verwirklichen.

- Wenn Glaube und Wille dabei gegeneinander stehen, gewinnt immer der Glaube.
- Vertrauen und Glaube sind zwei wunderbare Freunde, die das Gesetz der Imagination erfüllen.
- Bei der bildhaften Vorstellung heißt die Zauberformel »Leichtigkeit«.

Jeder besitzt die Fähigkeit zur bildhaften Vorstellung. Ein Kind kann gar nicht anders, als das Gehörte oder Gelesene bildhaft vor sich zu sehen. Jeder gute Architekt sieht zuerst das fertige Haus vor seinem geistigen Auge, bevor er es auf das Papier bringt. Manche Menschen haben diese natürliche Fähigkeit vergessen, aber sie kann jederzeit wieder aktiviert werden.

Wer das Geheimnis der Visiologie, die Kunst der schöpferischen Imagination kennt, hält den Schlüssel zu einem erfüllten, selbstbestimmten Leben in höchster Selbstverantwortung in den Händen.

Das Bild ist die Sprache des Unterbewusstseins und der Seele. Was immer Sie in Ihr Leben rufen möchten, jeder Traum und jede Vision, darf zuerst als Bild oder Film so detailreich und natürlich wie möglich vor Ihrem geistigen Auge entstehen. Die inneren Bilder und die damit verbundenen Gefühle bestimmen den größten Teil unseres Lebens. Immer dann, wenn Sie nicht bewusst ein bestimmtes Bild oder eine bestimmte Vorstellung in Ihr Bewusstsein nehmen, greift das Unterbewusstsein auf den vorhandenen inneren Bilderspeicher und die entsprechende Gefühlswelt zurück und verwirklicht diese Bilder.

Die innere Bilder- und Gefühlsgalerie hat eine tiefe Wirkung. Aus diesem Grund ist es gut, klare Bilder des von Ihnen erwünschten Selbstbildes und Ihres traumhaften, idealen Lebens zu schaffen und diese Bilder immer wieder ins Bewusstsein zu nehmen und möglichst lange und lebendig festzuhalten, mit allen Sinnen zu spüren und mit intensiven Gefühlen aufzuladen.

Erkennen Sie die Wirklichkeit: Jeder von uns ist ein Schöpfer eines riesigen Universums, dem Universum des Körpers. Jeder Körper hat etwa 100 Billionen Zellen. Jede Zelle ist eine Galaxie für sich, bestehend aus unzähligen Atomen. Jedes Atom ein Sonnensystem mit einer zentralen Sonne, dem Atomkern und Planeten aus Protonen, Elektronen und Neutronen. Sie sind der einzige Denker in diesem Riesenreich. Jeder Ihrer Gedanken, jedes innere Bild, teilt sich unmittelbar dem Bewusstsein jeder einzelnen Zelle mit und bestimmt so Gesundheit oder Krankheit des Körpers, Zustände der Freude und des Glücks oder des Leids und Elends.

Jeder von uns ist einmalig und hat einen wertvollen Beitrag im Leben zu leisten, und zwar ein jeder auf seine besondere und einmalige Art. Dieser Beitrag zum Leben ist unsere wahre Bestimmung. Sie sind mit dieser bestimmten Lebensabsicht in diese Inkarnation gekommen. Es geht darum, diese Lebensaufgabe, die Berufung, zu erkennen und zu leben.

Sie schaffen Ihr Schicksal – nur Sie können es ändern. Sorgen Sie dafür, dass Sie ein weiser Schöpfer in Ihrem riesigen Reich sind. Indem Sie Ihre inneren Bilder und Ihr Bewusstsein ändern, ändern Sie alles – Ihr ganzes Leben.

Aber die meisten Menschen können ihre Wünsche nicht realisieren, weil sie ihr Denken nicht beherrschen, weil sie nicht Meister ihrer Gedanken sind. Sie denken hin und her. Sie lenken ihre Aufmerksamkeit auf das, was sie befürchten, und ziehen so genau das in ihr Leben, was sie vermeiden wollten. Damit zerstreuen sie das wunderbare Potenzial ihrer »schöpferischen Urkraft«, anstatt diese konzentriert auf ein Ziel zu lenken und so das zu erreichen, was immer sie wollen.

Das Wissen vom geistigen Wesen der Materie öffnet die Tür zum Verständnis des Universums, zum Ziel Ihres Lebens und lässt Sie so Ihr wahres *Selbst*bild erkennen: die Unsterblichkeit Ihres Seins. Möchten Sie aber das Wesen des Geistes erkennen, brauchen Sie nur Ihr *Selbst* wirklich zu erkennen.

**Eine praktische Übung:**

Stellen Sie sich vor, Ihr Kopf sei eine Kugel, die Sie auf einer Spitze balancieren. Machen Sie das einige Minuten lang und Sie erreichen eine innere Ausgeglichenheit und Harmonie, die kaum anders so schnell und zuverlässig zu erreichen ist – auch für in Meditation Ungeübte.

Trauen Sie sich nun zu träumen: Von der Vorstellung der Wirklichkeit kommen Sie so zur Verwirklichung der Vorstellung. Denn Ihr Bewusstsein ist wie ein Plan, der Ihren Gedanken die Form und Richtung gibt, in der diese wirken, um sich schließlich im Außen als Ereignis, Zufall oder Lebensumstand zu verwirklichen.

Denken ist das Bewegen geistiger Energie. Und beharrlich bewegte Energie wird als Ereignis oder Ding sichtbar. Jeder Gedanke hat eine Wirkung auch auf unseren Körper mit einer Vielzahl von körperlichen und gefühlsmäßigen Reaktionen. Sie können sich krank oder gesund, glücklich oder traurig denken. Je höher die Energie ist, die Sie bewegen, desto stärker sind auch die Folgen. Darum ist es so wichtig, dass Sie achtsam mit Ihrer Innenwelt umgehen.

Ihr Selbstbild, Ihre inneren Bilder und die damit verbundenen Gefühle bestimmen Ihr äußeres Leben. Sie sind das, was Sie über sich selbst denken. Aber auch die Welt, die Sie umgibt, ist das, was Sie über sie denken.

Der französische Atomphysiker Jean Émile Charon, der die Relativitätstheorie von Albert Einstein weiterentwickelte, brachte seine Erkenntnisse zu diesem Thema auf den Punkt: »Es gibt keine objektive Welt, die Welt ist das, was wir von ihr denken.«

Die Erkenntnis, dass die Welt das ist, was jeder einzelne Mensch von ihr denkt, hat Folgen, die wir noch nicht vollständig absehen können. Ich möchte Sie aber für die Kraft und Macht, die darin enthalten sind, sensibilisieren.

Ersetzen Sie doch einmal das Wort »Welt« ganz einfach durch andere Wörter:

- Ich bin das, was ich von mir denke.
- Mein Mann ist das, was ich von ihm denke.
- Mein Chef ist das, was ich von ihm denke.
- Eine Krise ist das, was ich von ihr denke.
- Mein Leben ist das, was ich von ihm denke.

Spüren Sie die Macht, diese unvorstellbare Macht, die darin liegt? Und spüren Sie auch die Verantwortung, die darin liegt? Und spüren Sie zugleich die Freiheit, die darin liegt? Es gibt nichts und niemand »da draußen«, der schuld ist und irgendetwas tut oder macht, dem Sie hilflos ausgeliefert sind. Sie, ja genau Sie, haben Ihre Welt, Ihr Umfeld, Ihr Leben genauso zunächst gedacht und damit wirklich gemacht, wie Sie es nun erleben.

Ihr Bewusstsein ist es, das über die inneren Bilder und damit über Ihr äußeres Erleben bestimmt. Viele gute, fähige und fleißige Menschen rackern sich ein Leben lang ab und sterben dennoch arm. Jeder denkt sich sein eigenes Leben aus – bewusst oder unbewusst, und so lebt er auch. Das Leben akzeptiert jedes Bild eines Schöpfers (zum Beispiel Sie) und sagt immer nur »Ja! Ja! Ja!«. Das Leben gibt Ihnen, was immer Sie sich vorstellen und als »inneres Bild« als Ihre »innere Wirklichkeit« festhalten. Ihre innere Wirklichkeit schafft die entsprechenden Lebensumstände.

Jetzt wissen Sie, wie die Welt funktioniert. Mit Ihrem Denken verändern Sie die Welt. Das gibt Ihnen eine unvorstellbare Macht. Was geschieht, wenn Sie diese Macht einsetzen in höchster Selbstverantwortung zum Wohle des Ganzen?

Darum ist es so wichtig, achtsam mit dem Denken umzugehen. Das, auf was Sie sich konzentrieren, das wächst. Wenn Gedanken Energien sind, dann bedeutet dies, dass Sie der Sache Energie verleihen, auf die Sie sich konzentrieren. Alles ist Energie, und mit Ihrem Denken fügen Sie weitere Energie dazu.

Entscheiden Sie selbst, was Sie über sich und andere denken wollen. Aber übernehmen Sie dann auch die Verantwortung für das, was Sie denken.

Wenn Sie sich auf Ihre Schwächen konzentrieren, dann wachsen diese. Wenn Sie sich auf Ihre Krankheit konzentrieren, verschlimmert sich diese. Wenn Sie sich auf einen Mangel an Geld konzentrieren, dann wächst der Mangel. Im Umkehrschluss bedeutet dies: Wenn Sie sich auf Gesundheit konzentrieren, wächst Ihre Gesundheit. Wenn Sie sich auf Wohlstand und Fülle konzentrieren, dann wächst Ihr Wohlstand. Wie im Kleinen, so auch im Großen. Ihre Gedanken über die Welt haben einen Einfluss auf die Welt. Wenn Sie sich auf Frieden konzentrieren, dann wächst der Friede weltweit. Wenn Sie sich auf Liebe konzentrieren, dann wächst die Liebe weltweit.

Der Inder Jiddu Krishnamurti, einer der maßgeblichen Denker des 20. Jahrhunderts, fasste dies so zusammen: »Wenn Sie nicht bereit sind, sich für alles, für wirklich alles, was in Ihrem Leben geschieht, verantwortlich zu fühlen, dann werden Sie keine Fortschritte machen.«

Fangen Sie bei sich selbst an. Prüfen Sie, welches Selbstwertgefühl Sie haben:

- Haben Sie ein positives Selbstbild?
- Wie sind Ihre inneren Bilder?
- Was ist Ihre innere Einstellung zu Glück?
- Zu Gesundheit?
- Zu Geld?
- Zu Ihrem Beruf?
- Zum Leben?

- Was sind Ihre Ziele?
- Ihre Wünsche?
- Ihre Träume?
- Als wer sind Sie hier auf der Erde?
- Wer liest gerade dieses Buch?

Die Antwort auf diese Fragen hängt ab vom Grad Ihres Bewusstseins. Ein »Ich« (Ego) bewegt vielleicht zehn bis 15 Prozent der schöpferischen Urkraft, der *einen Kraft*, die da ist über allem, hinter allem und in allem. Das *Selbst* bewegt aber 100 Prozent.

Kennen Sie das alte Märchen von der größten Kraft des Universums? Diese Geschichte erzählt von den Göttern, die zu entscheiden hatten, wo sie die größte Kraft des Universums, die EINE KRAFT, verstecken sollten, damit der Mensch sie nicht finden könne, bevor er dazu reif sei, diese EINE KRAFT verantwortungsbewusst zu gebrauchen.

Ein Gott schlug vor, die Kraft auf der Spitze des höchsten Berges zu verstecken. Aber die Götter erkannten, dass der Mensch den höchsten Berg ersteigen und die größte Kraft des Universums finden würde, bevor er dazu reif sei.
Ein anderer Gott regte an, diese Kraft auf dem Grund des Meeres zu verstecken. Aber wiederum erkannten die Götter, dass der Mensch auch diese Region erforschen und die größte Kraft des Universums finden würde, bevor er dafür reif sei.
Schließlich sagte der weiseste Gott: »Ich weiß, was zu tun ist. Lasst uns die größte Kraft des Universums im Men-

schen selbst verstecken. Er wird niemals dort danach suchen, bevor er reif genug ist, den Weg nach innen zu gehen.«

Und so versteckten die Götter die größte Kraft des Universums im Menschen selbst. Und dort ist sie immer noch und wartet darauf, dass Sie sie in Besitz nehmen und weisen Gebrauch davon machen.

Wenn Sie möchten, können Sie sofort in ein höheres Bewusstsein und mit dieser *einen Kraft* in Kontakt kommen. Dazu gibt es eine Übung. Sie heißt »Das Tor des Himmels öffnen«. Dieses Körpertor zum kosmischen Bewusstsein können Sie selbst auftun. Es ist der sogenannte Corpus callosum, die anatomische Verbindung der linken mit der rechten Gehirnhälfte. Der Corpus callosum wird auch als Balken bezeichnet.

Ziehen Sie sich an einen Ort der Stille zurück und machen Sie es sich einmal ganz bequem. Beginnen Sie nun mit der Vorübung:

Ich beobachte meinen Atem, ich verändere nichts, ich beobachte nur.

Ich atme nur in den linken Lungenflügel.
Ich atme nur in den rechten Lungenflügel.
Ich atme ganz bewusst in beide Lungenflügel gleichzeitig. (Obwohl es sich wie ganz normales Atmen anfühlt, ist es doch ganz anders.)
Ich atme senkrecht nach oben, über den Körper. Mache mir bewusst, wie sich das anfühlt.

Ich atme nach unten und oben gleichzeitig.

Ich atme nur nach vorn/hinten. Atme unter meine Hand.

Ich atme nach vorn und hinten gleichzeitig, so weit es geht.

Ich atme nach beiden Seiten gleichzeitig.

Ich atme nun von meiner Mitte aus nach allen Seiten gleichzeitig über den Kopf hinaus in meine Aura.

Meine Aura ist mein Atemraum.

Mein Atemraum ist damit größer als mein Körper. Dies ist die natürliche Vollatmung.

Wenn ich bereit bin, bleibe ich von nun an dabei.

Jetzt folgt die Hauptübung:

Ich beobachte meine Gedanken.

Ich wähle mir einen bestimmten Gedanken, den ich gern denke.

Ich denke diesen Gedanken nur mit meiner linken Gehirnhälfte.

Ich denke diesen Gedanken nur mit meiner rechten Gehirnhälfte.

Ich mache mir den Unterschied bewusst.

Ich öffne nun ganz bewusst die Verbindung zwischen beiden Seiten, wie eine Schiebetür, die ich aushänge in meiner Imagination.

Ich denke den gleichen Gedanken in dem neuen Denkraum, mache mir bewusst, wie sich das anfühlt.

Ich denke den gleichen Gedanken mit meinem Bauch als Denkraum.

Ich denke den gleichen Gedanken mit meinem Herzen.

Ich denke den gleichen Gedanken mit dem dritten Auge. (Es befindet sich in der Mitte der Stirn.)

Ich denke den gleichen Gedanken mit meinem Kronenchakra. (Es befindet sich etwas oberhalb des Kopfes.)

Ich denke den gleichen Gedanken in allen Denkräumen gleichzeitig.

Ich denke mit meiner Aura als neuem Denkraum, bin damit im »holistischen (ganzheitlichen) Denken«.

Ich öffne in meiner Imagination diesen neuen Denkraum wie ein Ei und denke den gleichen Gedanken mit dem ganzen Universum als Denkraum.

Ich bin damit im »universellen« Denken.

Wenn ich mit dem ganzen Universum denke, *wer bin dann ich?*

Ich erkenne mich als reine Existenz, die *eine Kraft.*

*Ich bin.* Ich bin zurückgekehrt ins wahre Leben.

Sobald Sie das »Tor des Himmels« geöffnet haben, können Sie in die Zeitlosigkeit eintreten und für immer in diesem Zustand ruhen. Worum es nun geht, ist, dass Sie ständig auf dieser Bewusstseinsebene bleiben, dort leben.

Das Wissen um die *eine Kraft* war den großen Eingeweihten und Meistern zu allen Zeiten und in allen Völkern bekannt. Dieses Wissen wurde traditionell immer nur vom Lehrer zum Schüler in mündlicher Überlieferung weitergegeben. Es gibt viele Wege, mit der *einen Kraft* in Kontakt zu kommen und sie ganz lebendig und ständig zu spüren. In der zweiten Hälfte des 19. Jahrhunderts fand Dr. Mikao Usui in Japan einen ganz einfachen Weg, den Zugang und die ständige Verbindung zu dieser *einen Kraft* allen Menschen, die dies wünschen, zu ermöglichen.

Dieser Weg heißt Reiki. Reiki (sprich »Reeki«) ist ein japanisches Wort für die *eine Kraft*, für die kosmische Energie. Die Silbe »Rei« steht für den unbegrenzten Aspekt der Energie. Das »Ki« bezeichnet den Aspekt der *einen Kraft*, die in Menschen, Tieren, Pflanzen – in allem Lebendigen – wirkt.

Reiki ist seit den achtziger Jahren des 20. Jahrhunderts auch im deutschsprachigen Raum bekannt und ganz einfach zu lernen und anzuwenden. Die Verbindung mit der *einen Kraft* eröffnet einen Weg zur Bewusstwerdung und damit zum Heilsein für Körper, Geist und Seele. Reiki setzt auf allen drei Ebenen an: auf der körperlichen, geistigen und seelischen. Es unterstützt die normalen Körperfunktionen, aktiviert die Selbstheilungskräfte, ordnet und harmonisiert den gesamten Organismus, hilft bei Blockadenabbau, ordnet den mentalen Bereich, sorgt für geistiges Wohlbefinden und bewirkt anhaltende Tiefenentspannung.

Reiki ist ein Weg zu den Wurzeln, in die eigene Mitte, zur ganzheitlichen Heilwerdung und zur Entfaltung Ihres vollen Potenzials.

Zu Ihrem Erkenntnisweg gehört, dass Sie sich ganz kritisch fragen: Habe ich mein Potenzial bereits erkannt und entfaltet? Bin ich (derzeit noch) ein Opfer oder bereits ein bewusster Schöpfer, der mit der *einen Kraft* wirkt?

Lernen Sie sich und das Selbstbild, das Sie von sich haben, kennen. Dazu dienen folgende Fragen, die Sie schriftlich in Ruhe beantworten:

- Wer bin ich?
- Wer oder was möchte ich sein?
- Was ist meine Berufung?
- Was ist meine Vision?
- Was ist mein Lebensziel?
- Wenn ich dieses Lebensziel erreiche, erreiche ich damit auch Erfüllung?
- Wie bekomme ich, was ich will?
- Welches Leben möchte ich wirklich gerne führen, frei von wirtschaftlichen Überlegungen, frei von (derzeitigen) Beziehungen und Verpflichtungen?
- Wie müsste mein Zuhause sein, damit es mir entspricht?
- Welche Tätigkeit würde mich ganz erfüllen?
- Wie sieht meine ideale Partnerschaft aus?
- Wie fühle ich mich in meinem Körper?
- Was stimmt nicht und warum nicht?
- Was müsste geschehen, damit ich in und mit meinem Körper vollkommen glücklich bin?
- Wie möchte ich leben, um in jedem Augenblick vollkommen glücklich zu sein?
- Was fehlt mir zu meinem Glück?
- Was möchte dieser Mangel mir sagen?
- Was kann ich tun, um dies zu ändern?
- Welche konkreten Schritte muss ich tun, um meinem Leben eine andere Richtung zu geben?
- Was ist die Triebfeder für mein Handeln?
- Handele ich aus einer Bequemlichkeit heraus?
- Handele ich aus Verpflichtung? Wenn ja, wem oder was gegenüber?

- Handele ich aus einem Zwang heraus?
- Handele ich aus einer Sorge heraus?
- Oder handele ich immer einfach spontan aus dem Gefühl heraus?

Es lohnt sich, sich mit diesen Fragen ganz gewissenhaft und ausführlich zu befassen. Die ehrlichen Antworten geben Ihnen wertvolle Hinweise auf Ihr Selbstbild, Ihre Träume, Ihre Sehnsüchte, Ihre Hindernisse, Ihre Gefühle. Das Wissen um Ihr Selbstbild und die derzeitige persönliche Situation in möglichst vielen Facetten ist die Basis. Das ist der Ausgangspunkt, von dem Sie in jedem Augenblick Ihres Lebens einen Neuanfang machen können. Vor jedem neuen Schritt steht aber die Standortbestimmung.

In einem zweiten Schritt zum Erkennen Ihres Selbstbildes schauen Sie nun Ihre geistige Entwicklung an. Das ist wichtig, um Aufschluss über den Stand Ihres Bewusstseins zu gewinnen.

Sobald Sie aus dem reinen Bewusstsein leben, handeln Sie nicht mehr nur aus dem neuesten Stand Ihrer Erkenntnis auf Verstandesebene heraus. In diesem Seins-Zustand brauchen Sie keine Erkenntnis, kein angelesenes Wissen. Das reine Bewusstsein weiß, wie jeder Augenblick optimal zu erfüllen ist. Sie handeln dann im Einklang mit sich/Ihrem *Selbst* und damit mit der Schöpfung. Dazu bedarf es keiner geheimen Einweihungen oder entbehrungsreichen Jahre in Tibet. Je bewusster Sie denken und leben, je mehr Sie den Erkenntnisweg gehen, umso mehr leben Sie im reinen Bewusstsein.

Sie sind nun eingeladen, Ihre geistige Entwicklung anzuschauen.

Auch dies am besten in Ruhe und schriftlich:

- Was wüsste ich noch gerne?
  Warum?
- Welche Erkenntnis hätte ich gerne?
  Was verspreche ich mir davon?
- Welche Erfahrungen würde ich gerne machen?
  Was ist meine Motivation?
- Was würde ich gerne erleben?
  Welche konkreten Schritte unternehme ich umgehend dafür?
- Was würde mein Leben bereichern?
  Wie kann ich das erreichen?
- Welche Hindernisse möchte ich überwinden?
- Wie könnte ich mich von Begrenzungen frei machen?
  Kann ich das alleine oder benötige ich Hilfe?
- Wie könnte ich über mich hinauswachsen, um der zu werden, der ich eigentlich bin, der in mir darauf wartet, hervortreten zu dürfen?
- In welchem Bewusstsein würde ich gerne leben?
- Wie würde ich gerne sein?
- Wie und wo würde ich gerne leben?
- Was sind die Schritte, um dahin zu kommen, damit mein Leben unvergleichlich schön wird?
- Was gehört nicht mehr in mein Leben?
- Was sollte ich endlich loslassen, weil es mich nicht wirklich glücklich macht?

- Welchen Rucksack der Vergangenheit (=Belastendes) setze ich jetzt ab?
- Welches Ziel begeistert mich?
- Wohin möchte ich – ein Ort, ein Gefühl, eine Beziehung, ein Bewusstsein?
- Was genau strebe ich an?
- Bis wann möchte ich dies erreicht haben?
- Macht mich das glücklich?
- Was verspreche ich mir davon, das zu erreichen?
- Auf was möchte ich am Ende meines Lebens mit innerer Freude zurückblicken?
- Was ist das Lebensmotto, das Sie trägt und prägt?

Stellen Sie sich vor, Sie sind ein Zauberer. Sie zaubern sich jetzt die einzelnen Aspekte Ihres Lebens, verwirklichen Ihr Ideal von einem optimalen Selbstbild, einem märchenhaften Leben. Legen Sie Ihrer Phantasie keine Zügel an. Sie haben alle Freiheit zum Träumen. Visiologie, die Kunst der schöpferischen Imagination, gibt Ihr Wunschbild vor.

Sie dürfen sich dabei auch große Vorbilder als Inspiration nehmen.

Möchten Sie klug sein? Dann befassen Sie sich mit Albert Einstein, identifizieren Sie sich mit ihm, legen Sie vielleicht sogar ein Bild von ihm auf Ihren Nachttisch.

Sie wünschen unermesslichen Reichtum? Wie wäre es mit Dagobert Duck, der milliardenschweren Comic-Ente? Hängen Sie ein Poster an Ihre Bürotür. So haben Sie Ihr Ziel täglich vor Augen.

Erleuchtung ist Ihr Lebensziel? Befassen Sie sich mit Buddha und seinen Lehren, meditieren Sie, platzieren Sie eine Buddhastatue in Ihrem Wohnzimmer. Buddhistische Belehrungen raten: »Benehmen Sie sich wie ein Buddha und entwickeln Sie alle seine wichtigen Qualitäten – Weisheit, Liebe und Mitgefühl. Diese Identifikation mit Buddha praktizieren Sie so lange, bis Sie selbst ein Buddha geworden sind.«

Sie möchten wahrhaft göttlich sein? Dann leben Sie in der Selbstidentifikation mit der *einen Kraft*.

Wie etwas Bestimmtes in Ihr Leben tritt und Ihre Vorbilder schließlich mit Ihrem *Selbst*bild verschmelzen, müssen Sie nicht vorher wissen. Wichtig ist, dass Sie sich im Quellen-, statt im Kanaldenken üben. Die meisten Menschen erwarten, dass das Gewünschte durch einen bestimmten Menschen oder auf einem ganz bestimmten Weg zu ihnen kommen muss. Sie erwarten zum Beispiel Liebe und Anerkennung von bestimmten »Menschen«, Geld von einem genau definierten »Geber« und Freude durch ein bestimmtes »Vergnügen«.

Wenn Sie Ihr Ziel und Ihre Wünsche genau kennen und definiert haben, dürfen Sie offen lassen, auf welchem Weg das Gewünschte zu Ihnen kommt. Das Universum kennt weitaus mehr Möglichkeiten, als Sie sich vorstellen können, um Sie mit dem zu versorgen, was Sie brauchen und sich wünschen. Richten Sie Ihre Aufmerksamkeit aber auf einen bestimmten Kanal, durch den das Gewünschte kommen soll, so begrenzen Sie sich. Richten Sie sich aber vielmehr auf die Quelle und lassen den Weg offen, so öffnen Sie sich für den freien Fluss der unbegrenzten Möglichkeiten.

Quellendenken statt Kanaldenken bedeutet damit auch,

dass Sie überpersönlich und offen mit Ihren Träumen, Visionen und Zielen umgehen.

Sobald Sie genau wissen, was Sie wollen, gibt es auch einen Weg dorthin. Die 8 ultimativen Gesetze der Selbstverantwortung helfen Ihnen dabei. Wer sie kennt, anerkennt und anwendet, hat die Freiheit, die geheimsten Wünsche und Sehnsüchte Wirklichkeit werden zu lassen. Allmacht ist kein Geheimnis, sondern Ihr geistiges Erbe.

## Das Gesetz des Selbstbildes auf einen Blick

- Erkennen Sie sich selbst und Ihr Selbstbild.
- Alles im Universum folgt dem Gesetz von Ursache und Wirkung.
- Das Universum besteht aus Energie. Alle Materie entsteht und besteht nur durch die *eine Kraft* (= das eine Bewusstsein, den einen Geist).
- Der Geist ist die Ursache der Materie. Materie ist ein Ausdruck der Tätigkeit des Geistes.
- Gedanken sind eine feine Form von Energie, die Wirklichkeit schafft.
- Da wir denken können, sind wir als Mitschöpfer aufgerufen, die Schöpfung mitzugestalten.
- Gedanken bestehen aus Wort, Bild und Gefühl. Gefühle sind der »Motor« für die Verwirklichung der Gedanken in die Realität.
- Ihre inneren Bilder und Ihr Selbstbild bestimmen Ihre äußere Wirklichkeit. Sie sind das, was Sie von sich denken.

- Die Welt ist das, was Sie denken, was sie ist.
- Ändern Sie Ihre Gedanken. Dadurch ändern Sie sich selbst und Ihre Mitwelt.
- Ziel ist, eins mit der *einen Kraft* zu sein und den Weg vom Opfer zum bewussten Schöpfer zu gehen.

# 2. Das Gesetz der Selbsterkenntnis

Im Leben eines jeden Menschen gibt es im Prinzip nur drei wirklich große Ereignisse:

- Geboren werden
- Sterben
- In der Zeit dazwischen: wirklich leben

Das schwierigste dieser drei Ereignisse ist die Geburt. Wer das geschafft hat, hat das Schlimmste im Leben bereits überstanden. Das Schönste ist zu sterben, den Körper abzulegen und wieder einzutreten in die »Leichtigkeit des Seins«. Das Wichtigste aber, worauf es ankommt, ist in der Zeit dazwischen wirklich zu leben. Die meisten Menschen sterben, ohne je wirklich gelebt zu haben. Haben *Sie* heute schon gelebt? Wirklich und bewusst gelebt?

Viele Menschen interessieren sich dafür, ob es ein Leben nach dem Tod gibt. Viel wichtiger aber ist, dass es ein Leben vor dem Tod überhaupt gegeben hat. Was muss also bei Ihnen geschehen, damit Sie am Ende Ihres Lebens sagen können: »Ich habe wirklich gelebt!«? Was wissen Sie überhaupt über sich?

»Mensch erkenne Dich selbst, dann erkennst Du Gott und die Welt,« riet auch Sokrates seinen Schülern.

Die meisten Menschen gehen aber nicht den Erkenntnisweg. Sie erkennen weder sich selbst noch Gott. Es gibt eine Legende, die erzählt, dass die Gnade Gottes (= der *einen Kraft*) einem stetigen Regen gleich auf die ganze Welt herabfließt. Damit der Mensch dieses Segens teilhaftig werden kann, muss er sich »nach oben« in Richtung der *einen Kraft* öffnen. Die meisten Menschen richten aber ihr Bewusstsein »nach unten«, in Richtung Materie. Das ist der Grund, warum der Segen sie nicht erreichen kann.

Je mehr ein Mensch sich aber »nach oben« öffnet und diese Verbindung stetig hält und mehr und mehr erweitert, umso größer der Segen in seinem Leben. Dieser Segen zeigt sich als glückliche Lebensumstände, strahlende Gesundheit, Wohlstand, glückliche Beziehungen, Harmonie und Frieden. Je mehr Menschen weltweit ihr Bewusstsein »von unten« (= weg von der Materie) »nach oben« richten, desto mehr Segen zeigt sich weltweit in der äußeren Realität.

Der Weg zu Frieden und Harmonie ist in allererster Linie ein innerer Weg, ein Bewusstseinsweg – sowohl individuell, als auch kollektiv. Je mehr Menschen diesen Weg gehen, desto intensiver die Transformation des Ganzen. Insofern wirkt jeder einzelne Mensch, der ein gelingendes Leben in höchster Selbstverantwortung führt, zum Wohle des Ganzen – dies auf Grund seiner energetischen Signatur (seines Energiefeldes), seiner positiven Gedanken, Worte und Handlungen, die er automatisch in das Kollektiv einspeist.

Der Weg der *Selbst*-Erkenntnis und *Selbst*-Verwirklichung führt zu einem klaren *Selbst*-Bewusstsein. Auf diesem herausfordernden, aber sehr interessanten Weg benötigen Sie den Spiegel des Ursache-Wirkungs-Gesetzes zum fortlaufenden Feedback, ob Sie Fortschritte machen oder von Ihrer Route abgekommen sind. Dieses Gesetz ist Ihr Freund und Helfer. Ein Freund, auf den wir nicht verzichten können, wenn Sie Ihren Weg, den Weg der *Selbst*-Findung, nicht verfehlen möchten.

In unserem westlichen Verständnis verbinden wir mit dem Ursache-Wirkungs-Gesetz (Karmagesetz) immer auch Schuld und Sühne. Wir sind mehr oder weniger bereit, diese Schuld auf uns zu nehmen und geduldig unser Karma »abzutragen« und damit aufzulösen. Das alles entspringt einem falschen Verständnis von Karma.

Das Wort Karma stammt aus dem Sanskrit und bedeutet »die Tat, das Geschaffene, Wirken, Tun«. Es ist daher nicht unsere Aufgabe, unser Karma geduldig zu ertragen oder es so schnell wie möglich aufzulösen, um endlich frei zu werden. Es bedeutet auch nicht, gute Taten zu vollbringen, damit wir Glück haben, beziehungsweise es uns verdienen. Das Ursache-Wirkungs-Gesetz konfrontiert uns vielmehr nur mit den Folgen unseres Tuns, damit wir das ansonsten unsichtbare Tun »begreifen« und es gleichsam wie in einem Spiegel betrachten können.

Es kann daher nicht sinnvoll sein, den Spiegel so schnell wie möglich loszuwerden, sondern ihn sinnvoll für die eigene Entwicklung zu nutzen.

Das Ursache-Wirkungs-Gesetz besagt:

- Jeder Mensch ist Schöpfer, Träger und Überwinder eines Schicksals. Schicksal ist die Summe Ihrer Entscheidungen.
- Jeder Gedanke, jedes Gefühl, jedes Wort, jede Tat ist eine Ursache, der eine Wirkung folgt. Durch das Beherrschen unserer Gedanken beherrschen wir das Ursache-Wirkungs-Gesetz.
- Jede Wirkung entspricht in Qualität und Quantität der Ursache.
- Jeder Mensch muss so lange inkarnieren, bis er die Wirkung aller von ihm gesetzten Ursachen erlebt hat.
- Leid entsteht nur durch Eigenwilligkeit. Jeder Mensch kann sich daraus befreien, indem er nicht mehr aus dem Ego heraus will, sondern aus dem rein Überpersönlichen *Sein* handelt. Es geht darum, vom persönlichen Ego in das reine *Sein* des überpersönlichen *Selbstes* zu kommen. Denn Bewusst*sein* hat kein Karma, nur das Ego ist in dem Kreislauf von Leid gefangen.

Zur *Selbst*erkenntnis gehört auch, den Sinn Ihres Lebens zu erkennen und dem Leben einen Sinn zu geben. Diese Aufgabe, ein sinnerfülltes Leben ganz bewusst zu führen, stellt sich jeden Tag neu. Jeden Tag haben Sie die Chance, Ihrem Leben einen Sinn, *Ihren* Sinn zu geben.

Sie sind mit einer bestimmten Absicht in dieses Leben gekommen. Erfüllung können Sie nur finden, wenn Sie Ihre Lebensaufgabe erkennen, annehmen und erfüllen.

Sie erkennen den Sinn Ihres Lebens, indem Sie sich fragen:

- Auf welchen Platz hat mich das Leben gestellt? Warum?
- In welche Zeit bin ich hineingeboren? Warum?
- In welchem Land bin ich geboren? Warum?
- In welche Familie bin ich geboren? Warum?
- Mit welchen Freunden und Menschen hat mich das Leben bislang zusammengeführt? Warum?
- Mit welchen Freunden und Menschen bin ich gerade aktuell zusammen? Warum?
- In welchen Lebensumständen lebe ich? Warum?
- In welche Schwierigkeiten und Krisen hat mich das Leben geführt? Warum?
- Wo bekomme ich »Nachhilfeunterricht« vom Schicksal – Lektionen in Form von Krankheit, Leid, Schicksalsschlägen?
- Was will mir das Leben dadurch sagen?
- Welche Konsequenzen habe ich bereits gezogen, beziehungsweise darf ich noch ziehen?
- Wie kann ich den Augenblick sinnvoll erfüllen, um meine Vergangenheit loszulassen, meine Gegenwart optimal zu erfüllen und um in Zukunft den von mir »erwünschten Endzustand« zu erreichen?
- Welche Rolle würde ich gerne in meinem Leben spielen?
- In welcher Situation/welchen Situationen würde ich mich am wohlsten fühlen?
- Wie sieht meine Wunschbiographie aus?
- Was ist zu tun, um aus meinem Leben ein Meisterwerk zu machen?
- Was würde ein Meister/Buddha/Jesus jetzt in meiner Situation tun?

- Was hindert mich daran, genau das jetzt zu tun?
- Wann bin ich bereit, das Notwendige zu tun?

Entwickeln können Sie sich immer nur auf ein Ziel hin. Beim Problem ist es die Lösung, beim Wunsch ist es die Erfüllung, beim Leben ist es der *Sinn*!

Im Einklang mit dem Gesetz der Selbsterkenntnis zu leben, heißt sein wahres *Selbst* erkennen, anzuerkennen und schöpferisch zu wirken.

Die Weltreligionen sagen, Gott (die *eine Kraft*) sei der Schöpfer. Was auch immer Ihre Antwort auf diese Frage ist, eines weiß ich aus meiner jahrzehntelangen Erfahrung: Je schöpferischer Sie werden, desto göttlicher werden Sie. Wenn Ihre Kreativität ihren Höhepunkt erreicht, ist Ihr ganzes Leben schöpferisch und dann leben Sie in der *einen Kraft*.

Kreativität ist die Fähigkeit zu kreieren, zu manifestieren, schöpferisch zu wirken. Kreativität ist die besondere Note, die Sie Ihrem Tun verleihen. Sie ist eine Einstellung, eine innere Haltung, die im Außen Wirkung zeigt. Nicht jeder Mensch kann und möchte Maler, Tänzer oder Dichter sein. Aber jeder Mensch kann schöpferisch sein. Einerlei, was Sie tun, wenn Sie es freudig und liebevoll tun, dann sind Sie kreativ. Alles, was in Ihnen ist und was Sie wachsen lässt, ist spirituell und hat schöpferische Kraft.

Wissen, Sachkenntnisse und Techniken sind nur Werkzeuge; entscheidend ist, dass wir uns selbst der Energie hingeben, die die Geburt aller Dinge in Gang setzt. Es ist gleichgültig (= gleichermaßen gültig), welcher Art Ihre Kreativität ist. Sie können singen, backen, einen Garten gestalten oder heilen. Wichtig dabei ist, dass Sie sich für das öffnen, was sich durch Sie ausdrücken will. Wahre Kreativität entspringt der Vereinigung mit der *einen Kraft*, dem Tao, dem Unerforschlichen. Dann ist Kreativität ein Segen für andere.

Noch immer vollzieht sich Schöpfung ständig neu. Dies geschieht in Übereinstimmung mit dem geistigen Grundgesetz, dem Gesetz der Harmonie. Sie sind eingeladen, diese Schöpfung mitzugestalten, indem Sie das Erbe der großen Geister dieser Welt und Ihr eigenes geistiges Erbe antreten und erkennen, dass Sie *selbst* Ihre Hauptaufgabe sind: Selbsterkenntnis und Selbstverwirklichung.

Dazu gibt es eine schöne Geschichte:

Es war einmal ein König, der beherrschte die ganze Welt. Eines Tages ließ er alle Weisen der Welt zusammenkommen und gab ihnen den Auftrag, das gesamte Wissen des Universums aufzuschreiben, und zwar so kurz wie möglich. Die Weisen machten sich an die Arbeit. Nach vielen Jahren hatten sie die Aufgabe gemeistert und alles Wissen des gesamten Universums in 100 Büchern notiert.

Doch der König war nicht zufrieden. Er beauftragte die Weisen alles Unwesentliche wegzulassen und das gesamte Wissen in einem einzigen Buch aufzuschreiben. Die Weisen hielten diese Aufgabe für unmöglich. Da sie wussten, dass der König sie vorher nicht in ihre Heimat zurückkehren lassen würde, machten sie sich ans Werk. Nach weiteren Jahren intensiver Arbeit hatten sie es geschafft und überreichten dem König voll Stolz das Buch, das das gesamte Wissen des Universums enthielt.

Der König dankte den Weisen und sagte, dass er nur noch eine letzte Aufgabe für sie habe. Sie sollten alles Wissen in einem einzigen Satz zusammenfassen.

Die gelehrten Männer berieten wiederum viele Jahre und endlich hatten sie es geschafft: »Auch Du bist ein Schöpfer, und alles ist möglich!«

## Das Gesetz der Selbsterkenntnis auf einen Blick

- »Mensch erkenne Dich selbst, dann erkennst Du Gott und die Welt.« Sokrates
- Der Weg zu Frieden und Harmonie ist ein Bewusstseinsweg – individuell und kollektiv.
- Jeder Mensch, der ein Leben im Einklang mit den Gesetzen der Selbstverantwortung führt, wirkt zum Wohle des Ganzen. Dies auf Grund seiner energetischen Signatur, die durch sein Denken, Reden, Handeln und Fühlen bestimmt wird.
- Der Weg der *Selbst*erkenntnis und *Selbst*verwirklichung führt zu einem klaren *Selbst*bewusstsein.
- Auf diesem Weg wirkt das Ursache-Wirkungs-Gesetz als Spiegel, Feedback und gegebenenfalls auch als Korrektiv zur Kurskorrektur.
- Zur Selbsterkenntnis gehört es, den Sinn Ihres Lebens zu erkennen und Ihrem Leben einen Sinn zu geben.
- Sie *selbst* sind Ihre Hauptaufgabe: Es geht um *Selbst*erkenntnis und *Selbst*verwirklichung.
- »Auch Du bist ein Schöpfer, und alles ist möglich!«

# 3. Das Gesetz der Selbstbestimmung

Auf die Gesetze des Selbstbildes und der Selbsterkenntnis folgt das Gesetz der Selbstbestimmung. Wenn Sie wissen, wer Sie sind und sich *selbst* erkannt haben, dann ist der nächste Schritt, dass Sie bewusst über Ihr *Selbst* bestimmen. Selbstbestimmung bedeutet Selbstermächtigung. Damit kommen Sie mehr und mehr in Ihre Vollmacht als bewusster Schöpfer Ihrer Lebensumstände.

Ihr Fortschritt ist eng verbunden mit der Entfaltung und dem immer besseren Gebrauch Ihrer Werkzeuge. Wollen Sie geistig etwas bewegen, benötigen Sie geistige Werkzeuge. Eines der wirksamsten geistigen Werkzeuge, das ich kenne, ist die Mental-Kybernetik: das Mental-Training. Mental-Training arbeitet mit der Kraft des Geistes, mit der Macht der Gedanken: mit dem Bewusstsein. Diese Methode ist so alt wie die Menschheitsgeschichte. Alle großen Meister haben mit der Kraft des Geistes gearbeitet: Buddha, Jesus, Lao-Tse und viele andere mehr. Sie waren Mental-Trainer der Menschheit und haben maßgeblich bis heute weltweit wirkende Religionen und Kulturen geprägt.

Das Mental-Training vereint die Essenz und bewährten Erkenntnisse aus Psycho-Kybernetik, Quantenphysik, Tao, Huna-Meditation, Buddhismus, Selbsthypnose, Visualisierung, autogenem Training und Coaching.

Mental-Training ist Schicksalsmeisterung. Wenn Sie bewusst mit dieser Methode arbeiten, können Sie Ihr Leben so umfassend verändern, wie Sie das vorher nicht zu träumen gewagt hätten. Mentale Stärke zu entwickeln bedeutet, dass Sie ein kraftvolles, selbstverantwortliches Leben führen. Das Mental-Training ist ein universelles geistiges Werkzeug, um gezielt mit dem Gesetz der Selbstbestimmung in Einklang zu kommen.

Mit Mental-Trainings lässt sich die Macht und Kraft der Gedanken auch sichtbar machen. Diese Methode ruft jederzeit reproduzierbare (wiederholbare) und messbare physiologische Veränderungen hervor: Sie verändert die Gehirnstromfrequenz vom Betawellenbereich (zwischen >13 und 30 Hertz) zum Alphawellen-Zustand und noch tiefer, bis Theta (zwischen >13 und 30 Hertz). Dieser Zustand lässt sich mit einem EEG-Gerät (Elektroenzephalogramm) messen.

Mit dieser Technik richten Sie das höchste schöpferische Potenzial, das in jedem Menschen steckt, auf die Verwirklichung einer Sache. Dabei werden diese drei Kräfte des Menschen harmonisch genutzt:

- Das Bewusstsein und damit die Kraft der Gedanken
- Das Unterbewusstsein und damit die unbewussten Energien
- Das Überbewusstsein und damit die Kraft der Intuition als universeller Ratgeber aus dem *All*-Bewusstsein

Das Mental-Training kennt verschiedene Stufen:

- **Anfängerstufe.** Dabei ist Mental-Training schwerpunktmäßig eine Methode der Selbstdisziplin. Zielsetzung, Wille, Mut, Beharrlichkeit, Selbstmotivation und körperliche Entspannung gehören dazu.

- **Fortgeschrittenenstufe.** Auf diesem Level des Mental-Trainings spielt die Selbstkontrolle eine wichtige Rolle. Diese Selbstkontrolle wirkt auf das Unterbewusstsein, auf die Gedanken und Gefühle. Das Ziel ist die Transformation von negativer Ausrichtung in positive Ausrichtung. Ängste, Sorgen und Schuldgefühle werden losgelassen. An ihre Stelle treten Freude, Offenheit und Zuversicht. In der Fortgeschrittenenstufe arbeitet das Mental-Training mit der Entwicklung positiver Denkgewohnheiten, mit Affirmationen (Glaubenssätzen), Visualisierungs- und Imaginationstechniken.

- **Oberstufe.** Dort ist Mental-Training Ausdruck des Selbstbewusstseins. Sie leben Ihre Berufung, haben Ihre Lebensaufgabe erkannt und erfüllen diese. Dazu gehören auch die ideale Partnerschaft und ein Leben in Fülle auf allen Ebenen des Seins. Auf dieser Stufe arbeitet das Mental-Training mit den Methoden Erwecken der Herz-Intelligenz, Kreativitäts- und Intuitionstraining und Meditation.

- **Meisterstufe.** Auf dieser Stufe wirkt Mental-Training als Werkzeug der Schöpfung. Der Zustand der Illusion der Trennung ist aufgehoben. Sie erleben sich als Teil des Ganzen. Sie haben den Zustand der *Selbst*losigkeit (der Egolosigkeit) erreicht. *Ihr* Wille ist *sein Wille*: Ihr gesamtes Denken, Reden und Handeln ist *eins*gerichtet, um dem

*Einen*, das da ist – in allem, über allem und hinter allem – zu dienen.

Die Methode, mit der dies geschieht, ist die schöpferische Manifestation. Sie rufen damit in Erscheinung, was stimmig ist und der Schöpfung dient.

Mental-Training ist ein Universalschlüssel zu Ihrem inneren geistigen Potenzial. Selbst hochintelligente Menschen nutzen nur etwa 15 Prozent ihrer Kapazität. Schöpfen Sie die Möglichkeiten Ihres Denkinstrumentes aus!

Mental-Training hilft Ihnen, Ihre Probleme zu lösen, Ihre Wünsche zu erfüllen und Ihre Ziele sicher zu erreichen. Und das alles in einem Bruchteil der bisher benötigten Zeit. Damit leben Sie ein erfülltes Leben im Einklang mit dem Gesetz der Selbstbestimmung: Ihr *Selbst* bestimmt bewusst über alles in Ihrem Leben. Damit verfügen Sie über jegliche Freiheit, selbstbestimmt das Leben zu führen, das Sie sich wünschen.

Die Wirklichkeit existiert nur durch Ihre Gedanken. Sie sind es, der diese Gedanken denkt. Diese Ihre Gedanken und die damit verbundenen Emotionen und Gefühle aber entscheiden über Erfolg, Gesundheit und Glück. Sie bestimmen Ihr ganzes Leben. Beherrschen Sie Ihre Gedanken und Ihre Gefühlswelt, sind Sie Herr über Ihr Leben und Ihr Schicksal. Jeder Gedanke ist wie ein Diener, der nicht eher ruht bis sein Auftrag erfüllt ist. Durch Mental-Training wird er ein alles »vermögender« Diener. Dieser Wirkmechanismus ist in dem Märchen »Aladin und die Wunderlampe« gleichnishaft beschrieben.

Mental-Training ist ein geistiges Werkzeug, das absolut

zuverlässig funktioniert. Es ist ein Weg, zu sich *selbst* zu finden. Ein Weg, die Sehnsucht, die in Ihnen steckt, wirklich zu erfüllen. Erst auf diesem Weg ist wahre *Selbst*verwirklichung möglich. Als *wahres Selbst* können Sie alles erreichen, denn die *eine Kraft*, die schöpferische Urkraft, hilft Ihnen, Ihre Probleme zu lösen, Ihre Wünsche zu erfüllen und auch sicher zu erreichen.

Bisher haben Sie sich dabei von Ihrem Verstand leiten lassen. Der Verstand ist wie ein Computer. Er speichert enorme Datenmengen, Fakten, Eindrücke, Bücherwissen. Der Verstand kann aber auf die wirklich wichtigen Fragen des Lebens keine brauchbare Antwort geben.

Wenn Sie fragen: »Ist das der richtige Beruf für mich?«, oder: »Ist das die richtige Partnerin an meiner Seite?«, kann der Verstand nur Argumente liefern. Partnerschaft ist aber keine Rechenaufgabe, und Ihr Beruf sollte Ihre Berufung sein. Bei der Antwort auf die wirklich wichtigen Fragen des Lebens hilft Ihnen nur der »Innere Meister« – Ihr *wahres Selbst* –, die richtige Entscheidung zu treffen.

Die eigentliche Intelligenz sitzt nicht in Ihrem Verstand, sondern kommt aus dem Geist (im Englischen »spirit«). Dieser »spirit« ist die inspirierende Kraft, die von der *einen Kraft* genährt wird. Denn Sie sind nicht Ihr Körper, nicht Ihr Verstand, nicht Ihr Ego, nicht Ihr Gemüt, auch nicht Ihre Vergangenheit und auch nicht Ihre Persönlichkeit. Das alles sind nur Aspekte Ihres Seins.

Sie sind aber vollkommenes Bewusstsein, das als »Innerer Meister« in Erscheinung tritt. Das Wort Meister kommt aus dem Lateinischen »magister« und ist verwandt mit der

Vokabel »Magie«. Magie wiederum lässt sich zurückführen auf das altpersische Wort »magusch«. Ein Magusch war ein medischer Priester. Dieser Zusammenhang zeigt deutlich, dass die Meisterung einer Sache, vor allem aber die Meisterung Ihres Lebens mit der (Rück-)Verbindung mit der *einen Kraft* zusammenhängt. Mental-Training ist ein bewährter und für jeden gangbarer Weg dorthin.

Dieser Weg ist verbunden mit Übung, Übung, Übung. Mit Vertrauen, Disziplin und Hingabe. Das alte Sprichwort heißt: »Übung macht den Meister!« Alle Spitzenkönner sind Meister ihres Faches: Olympiasieger, Opernstars, internationale Künstler, preisgekrönte Architekten. Mit Mental-Training eröffnet sich Ihnen der Weg zur Meisterung Ihres Lebens.

Mental-Training arbeitet auf mehreren Ebenen mit den schöpferischen menschlichen Kräften:

- Mit der **Aufmerksamkeit**: Das sind Ihre Gedanken, Gefühle und Wach-Träume.

- Mit dem **Unterbewusstsein**: In Ihrem Unterbewusstsein ruht ein großes Potenzial an Möglichkeiten und Fähigkeiten, das es zu erwecken gilt.

- Mit dem **Überbewusstsein**: Dort ist der Bereich der Intuition, des Hohen Selbstes. Es ist der Innere Meister, der mit einer nahezu unbegrenzten Macht darauf wartet, als Ihr Diener wirken zu dürfen.

Im Mental-Training lernen Sie, Stufe um Stufe, diese geistigen Kräfte zusammenzuführen und zu bündeln. Diese Konzentration Ihrer natürlichen Kräfte gleicht einem Laser mit enormer Energie-Entfaltung und zielgenauer Wirkung. Lassen Sie sich von den *wunder*baren Ergebnissen überraschen.

Was ist der Unterschied zwischen Mental-Training und Positivem Denken? Mental-Training ist der Oberbegriff. Im Mental-Training trainieren Sie, positiv zu denken, aber weit mehr als das, zum Beispiel auch positiv zu sprechen und zu handeln. Wie oft rutschen unbedacht Floskeln mit negativem Inhalt heraus, wenn Sie eine Bitte äußern: »Ich habe einen Überfall auf dich vor...« Sind Sie sich wirklich bewusst, welche Worte Sie da verwenden? Im Mental-Training schauen Sie sich auch das Negative, Ihre Schatten an. Es geht nicht um Verdrängung, sondern um Transformation.

Ein anderer Bereich des Mental-Trainings ist die »schöpferische Imagination«, die Arbeit mit Bildern. Dabei stellen Sie sich eine für Sie wünschenswerte Zukunft so bildhaft wie möglich vor und »holen diese Zukunft dann in die Gegenwart«. Ein weiteres Element des Mental-Trainings sind Affirmationen, Glaubenssätze, die das Erwünschte zum Ausdruck bringen.

Folgende zwölf Elemente gehören zum Mental-Training:

1. Zielsetzung und Selbstmotivation
2. Atemtraining
3. Körperliche Entspannungstechniken
4. Energie-Management

5. Affirmationen
6. Positive Einstellungen und Denkgewohnheiten
7. Visualisierungs- und Imaginations-Techniken
8. Meditationen
9. Erwecken der Herz-Intelligenz
10. Intuitionstechniken
11. Kreativitätstechniken
12. Schöpferische Manifestation

# 1. Zielsetzung und Selbstmotivation

Eine weitere Zutat für ein Leben im Einklang mit dem Gesetz der Selbstbestimmung ist Zielklarheit. Der Langsamste, der sein Ziel nicht aus den Augen verliert, geht immer noch zügiger als jener, der ohne Ziel umherirrt. Die Welt tritt zur Seite, um jeden vorbeizulassen, der weiß, wohin er will.

Bevor ich ein Ziel erreichen kann, muss ich erst einmal eines haben. Ein Ziel ist ein Traum, eine Vision mit einer deutlichen Absicht, Adresse und Lieferdatum. Das bedeutet, Sie müssen exakt definieren, was Sie haben wollen und auch wann. Bestimmen Sie den erwünschten Endzustand. Viele Menschen erreichen nur deshalb nicht ihre Ziele, weil sie sich erst gar keine setzen.

Zielklarheit bedeutet ganz genau zu wissen, was Sie *wirklich* wollen. Bestimmen Sie auch, *was* Erfolg ist. Nur wenn Sie ein ganz genaues Ziel setzen, ist es möglich, das Bewusstsein darauf auszurichten und zielgerichtet und beharrlich zu handeln, so lange, bis das Ziel erreicht ist.

Erkennen Sie auch die Hindernisse auf dem Weg zum Erfolg und die Konsequenzen. Wichtig ist, diese Erfolgshindernisse zu erkennen und aufzulösen:

- Was können Sie nicht loslassen?
- Woran hängen Sie noch?
- Was können Sie sofort tun, um diese aufzulösen/loszulassen?

Bedenken Sie: Wenn Sie etwas ändern wollen, sind Sie der Einzige, der dies tun kann. Es kommt darauf an, dass Sie wirklich *wollen*, »möchten« genügt nicht. »Möchten« drückt eine vage Absichtserklärung aus. Es hat den Charakter des Unverbindlichen, Zögerlichen.

»Wollen« hat dagegen die Kraft, etwas anzufangen und auch bis zur Zielerreichung dabeizubleiben. Wenn Sie sich wirklich entschieden haben, kann und darf Sie nichts mehr aufhalten. Beenden Sie *alles*, was Sie beginnen, erfolgreich. Dann können Sie auch alle Misserfolge auf dem Weg als Zwischenergebnisse ansehen und als Botschaft, wie Sie es besser machen können. Einem jeden widerfährt nach seinem Glauben. In diesem Fall bedeutet es: Ihr Glaube an den Erfolg und an Ihr Ziel ist das sicherste Mittel gegen Misserfolg. Ihr Wunsch zeigt das Ziel, der Glaube den Weg. Ob Sie glauben, Ihr Ziel zu erreichen oder nicht – Sie werden in jedem Fall Recht behalten.

Zielklarheit bezieht sich nicht nur auf einzelne Lebensziele, sondern auch und vor allem auf das Leben selbst. Werden Sie sich klar, weshalb Sie in Ihr Leben gekommen sind, was das Ziel und der Sinn Ihres Lebens sind. Wenn Sie einen Autofahrer nach seinem Ziel fragen, wird er Ihnen fast immer eine klare Antwort geben können. Fragen Sie aber einen Menschen, wohin er lebt, was der Sinn seines Lebens ist und wo er am Ende des Weges ankommen möchte, wird er Ihnen selten eine klare Antwort geben können. Bei einer so unwichtigen Sache wie Autofahren wissen wir genau, wohin wir wollen. Bei der wichtigsten Sache aber, bei unserem Leben, wissen wir das meist nicht – und das Leben geht vorbei, ohne dass wir es erfüllen.

Es gibt viele Gründe für die Gewohnheit, sich ohne Plan und Ziel treiben zu lassen. Vor allem Gedankenlosigkeit auf Grund mangelnder Gedankendisziplin und fehlender Selbstdisziplin. Zu dieser Gedankenlosigkeit gehören Klatsch und Tratsch, Neugierde, das Einmischen in die Angelegenheiten anderer.

Einer mangelnden Zielklarheit zu Grunde liegt oft auch das Fehlen einer Vision oder die Unfähigkeit, diese zu erkennen. Oder man glaubt nicht, den Mut oder die Kraft zu haben, diese auch zu verwirklichen. Kaum ein Erfolgsgesetz wird so häufig übersehen, wie das Gesetz der Zielklarheit. Jeder weiß, dass man ein Ziel nur erreichen kann, wenn man eines hat. Und dennoch marschieren die meisten Menschen einfach los.

Der sehr erfolgreiche Golfer Jack Nicklaus beschreibt, wie er seine Erfolge erreicht: »Zuerst sehe ich genau den Ort, wo ich den Ball hinbefördern will.« In diesem Satz liegt der Schlüssel für den Erfolg: vom Ziel aus zu denken. Haben Sie ein klares Ziel, ergeben sich Weg und Schritte von selbst. Es sind gar keine Entscheidungen mehr zu treffen, man braucht nur noch vom Ziel aus zu erkennen, was zu tun ist, um das Ziel zu erreichen.

Ein Zen-Bogenschütze richtet beim Zielen seine Aufmerksamkeit auf die Zielscheibe, während er seinen Pfeil noch am Bogen festhält. Dabei ist er mit seiner Vorstellung bereits im Ziel. Der Bogenschütze ist in seinem Inneren (seiner gerichteten Aufmerksamkeit) dem Äußeren (seinem Pfeil) voraus. Je mehr er innerlich auf das Ziel ausgerichtet – eins mit ihm – ist, desto eher trifft sein Pfeil ins Schwarze.

Die meisterhaften Zen-Bogenschützen beherrschen das Wunder der wahren Konzentration. Wahre Konzentration ist eng verbunden mit Entspannung. Diese besondere Form der Entspannung heißt »konzentrative Entspannung«. Sie führt in eine Vertiefung beim Tun, zu einer Verschmelzung. Dabei wird das Bewusstsein ganz weit. Je höher die Konzentration, desto weiter wird dabei das Bewusstsein. Dieser Zustand der Vertiefung wird gehalten während des gesamten Tuns. Dabei entsteht ein Energiefeld der absoluten Ruhe, in das der Zen-Bogenschütze versunken ist. Schütze, Pfeil, Bogen, Ziel – alles verschmilzt zu *Einem*.

Das bedeutet, dass Sie Ihr Ziel als gegenwärtig formulieren, es als bereits erreicht sehen, sich bedingungslos damit identifizieren und es dankbar und freudig in Besitz nehmen. Das setzt innere Klarheit, Annahmefähigkeit und Vertrauen voraus. Haben Sie klare Ziele? Und falls nein, werden Sie sich jetzt über Ihre Ziele klar. Ein Ziel sollte ehrgeizig, aber auch erreichbar sein. Wenn Sie Ihr Ziel definieren, lassen Sie sich von der Freude führen. Fragen Sie sich:

- Was tue ich so richtig gerne?
- Was tue ich noch immer?
- Was war mein Jugendtraum?
- Was ist heute mein Wunschtraum?
- Was kann ich tun, um diesen Wunschtraum zu verwirklichen?
- Warum will ich das?
- Lohnen sich Aufwand und Zeit?
- Warum habe ich das bisher nicht erreicht?
- Was habe ich bisher dafür getan?
- Was bin ich jetzt bereit, dafür zu tun?
- Welche Voraussetzungen darf ich dafür schaffen?

Sorgen Sie dafür, dass Sie durch Zielklarheit die Weichen richtig stellen. Prüfen Sie auch, ob das gewählte Ziel Sie tatsächlich erfüllen wird. Fragen Sie sich, ob es wirklich Ihr Ziel ist oder ob Sie sich ein fremdes Ziel zu eigen gemacht haben. Worauf es hierbei ankommt, ist Unterscheidungsfähigkeit und Ehrlichkeit. Manche Menschen stellen erst bei der Erreichung des Ziels fest, dass es gar keins war, aber sie haben einen Teil ihres Lebens dafür gegeben.

Wenn Sie etwas erreichen wollen, müssen Sie auch etwas dafür geben. Wenn Sie Zeit, Geld, Energie und somit auch einen Teil Ihres Lebens geben, dann sorgen Sie dafür, dass es sich auch lohnt. Wenn Sie sich aber entschieden haben, ich meine wirklich entschieden haben, dann geben Sie sich das förmliche Versprechen, solange dranzubleiben, bis Sie Ihr Ziel wirklich erreicht haben. Begeistern Sie sich für Ihr Ziel, dann wird das Ziel Sie begeistern.

Ein für Sie richtiges Ziel wählen Sie mit Hilfe Ihres Herzens, ergänzt durch Ihre Vernunft, die freizügig mit Ihrer Intuition gewürzt sein sollte. Das Ziel ist vernünftig, weil Sie deutlich spüren, dass Sie es erreichen können. Und es ist intuitiv, weil es sich richtig anfühlt. Ein solches Ziel löst Begeisterung in Ihnen aus, wenn Sie nur daran denken. Es gibt Ihnen Kraft. Es macht Sie lebendig. Es brodelt. Es verleiht Ihnen so viel kreative Energie, wie Sie zu seinem Erreichen benötigen und noch ein wenig mehr. Das ist der Schlüssel zur Selbstmotivation.

Wenn Sie sich fragen, ob das von Ihnen gewählte Ziel ein richtiges Ziel ist, dann achten Sie darauf, wie Sie sich während der Arbeit an diesem Ziel fühlen. Alle auf ein wirkliches Ziel gerichteten Tätigkeiten machen Freude. Sie gehen völlig in ihnen auf. Dabei vergeht die Zeit wie im Flug, und Sie empfinden die Arbeit als Vergnügen. Alles Tun im Zusammenhang mit einem richtigen Ziel ist schon Belohnung an sich.

Welche richtigen Ziele machen Ihr Leben lebenswert?

- Berufliche?
- Private?
- Soziale?
- Künstlerische?
- Sportliche?
- Spirituelle?

Ob Ihr gewähltes Ziel Wirklichkeit wird, hängt auch davon ab, wie viel Energie und Intensität Sie damit verbinden. Wie wichtig es Ihnen ist, und ob Sie sich auch wert fühlen, dorthin zu gelangen. Sie müssen sich mit dem Ziel identifizieren und von der Erfüllung aus denken, fühlen und handeln. Wenn Sie so voller Begeisterung zielgerichtet unterwegs sind, fällt Ihnen der Erfolg nahezu in den Schoß.

Bei der Erreichung eines Zieles hilft ein »Gedanken-Laser«. Er bündelt Ihre Gedanken zu einem dynamischen Energiestrom und richtet sie auf ein bestimmtes Ziel aus.

## Die 9 Schritte zum Gedanken-Laser:

### 1. Zielklarheit

Den erwünschten Endzustand klar definieren und bildhaft vorstellen (imaginieren). Überprüfen Sie, ob das Ziel wirklich IHR Ziel ist und aus dem Herz und nicht aus dem Verstand kommt. Spüren Sie bereits beim Definieren Ihres Zieles die innere Gewissheit »Ja, das gehört wirklich zu mir.«? Dann sind Sie auf dem richtigen Weg.

### 2. Bild, Wort und Gefühl bündeln

Richten Sie diese drei Kanäle auf Ihr Ziel aus und halten Sie diese *einsgerichtet*. Einsgerichtetheit ist das Gegenteil von Zerstreuung. Fassen Sie Ihr Ziel in Worte, finden Sie das passende innere Bild dazu und laden Sie es mit positiven Gefühlen auf. Erfüllen Sie sich mit Freude und Dankbarkeit.

### 3. Selbst-Identifikation

Tun Sie den Schritt vom Opfer zum bewussten Schöpfer. Werden Sie sich darüber klar, dass die *eine Kraft* durch Sie wirkt und alles bewirkt, was Sie sich vorstellen können. Sie bestimmen, was in Ihrem Leben in Erscheinung tritt.

### 4. Sich wert fühlen

Fühlen Sie sich wert, Ihr Ziel zu erreichen. Und glauben Sie, *jetzt* Erfüllung zu erhalten. Sie haben es verdient und zwar im Hier und Jetzt.

### 5. Identifikation mit dem Ziel

Nehmen Sie das Ziel, den erwünschten Endzustand durch Identifikation in Empfang und verbinden Sie sich so mit dem Ziel. Wichtig ist, vom Ziel aus zu denken, zu fühlen, zu reden und zu handeln. Sie sind bereits am Ziel. Die Zukunft ist für Sie innerlich bereits in der Gegenwart sichtbar, fühlbar, greifbar.

### 6. Die Energie des erfüllten Wunsches

Schaffen, spüren und halten Sie die Energie des erfüllten Wunsches jedesmal, wenn Ihnen das Ziel wieder in den Sinn kommt. Damit machen Sie sich magnetisch für Erfolg. Sie bauen Sog auf und ziehen das Gewünschte an.

## 7. Loslassen

Wie der Bauer das Saatgut loslassen muss, damit die Ernte möglich wird, so kommt es darauf an, das Ziel loszulassen in der »Gewissheit der Erfüllung«. Auch beim Bogenschießen kann der Pfeil erst sein Ziel erreichen, wenn der Zen-Bogenschütze den Pfeil losgelassen hat. Erst wenn Sie loslassen, erreichen Sie das Ziel.

## 8. Segnen

Segnen Sie das Wahre, Schöne und Gute. Alles, was Sie segnen, wird Ihnen zum Segen und bringt weiteren Segen und Fülle nach sich. Machen Sie sich das tägliche Segnen zur Gewohnheit. Beginnen Sie den Tag mit dem Segnen. Sie können den vor Ihnen liegenden Tag, Ihre Familie, Ihre Arbeit, Ihr Haus, Ihre Gesundheit, Ihre Lebensumstände segnen. Sie können auch Ihr Essen und Ihr Wasser segnen. Alles, was Sie ehrlichen Herzens segnen, wird Ihnen zum Segen gereichen.

## 9. Dankbar sein

Segnen, Freude und Dankbarkeit sind der Schlüssel zum Glück. Ein dankbarer Mensch hat ein erfülltes Herz und weiß, dass das einzige Gebet, das noch bleibt, lautet: »Danke für alles.«

Bestimmen Sie genau, was Sie wollen und bis zu welchem Zeitpunkt Sie dieses Ziel erreicht haben wollen.

Nur wer sein Ziel exakt kennt, kann auch seinen Weg finden. Und wer ein klares Ziel hat, hat bereits den halben Weg dorthin zurückgelegt. Wenn Sie wirkliche klare Ziele haben, setzen Sie automatisch die richtigen Prioritäten und haben dadurch immer Zeit für das Wichtige, anstatt Ihre Zeit mit Lappalien zu vergeuden. Aus klaren Zielen ergeben sich klare Entscheidungen. So kann man mit einem Minimum an Aufwand ein Maximum an Ergebnissen erreichen.

## 2. Atemtraining

*»Im Atemholen liegen zweierlei Gnaden,*
*die Luft einziehen und sich ihrer entladen.«*
JOHANN WOLFGANG VON GOETHE

Der Rhythmus von Ein- und Ausatmen gibt Leben. Ihr Leben beginnt mit dem ersten Atemzug und endet mit dem letzten. Dazwischen liegen unendlich viele Atemzüge, die den lebensnotwendigen Sauerstoff in Ihren Körper bringen. Ohne Atmung verlischt Ihr Leben innerhalb von maximal acht Minuten.

Die Qualität Ihres Atems, besser gesagt Ihrer Atemtechnik, bestimmt die Qualität Ihres Lebens. Je tiefer und länger Ihr Atemrhythmus, desto besser die Sauerstoffversorgung, und desto gesünder Ihr Organismus. Die sogenannte Vollatmung schenkt Ihnen höchste Vitalität, Wohlbefinden und ein langes Leben. Es lohnt sich also, gezieltes Atemtraining zu betreiben.

Die richtige Atemtechnik ist die sogenannte Bauchatmung. Menschen, die diese natürliche Atmung praktizieren, sind sogenannte Langatmer. Langatmer genießen jeden Atemzug. Sie zeichnen sich durch Ruhe und Gelassenheit aus und dürfen sich in der Regel über Gesundheit bis ins hohe Alter freuen.

Die meisten Menschen aber befinden sich im Modus der Brustatmung und sind damit Kurzatmer. Typisch ist der kurze, flache, hektische Atem. Er ist »Gift« und wirkt lebensverkürzend. Menschen, die flach und eingeengt atmen, fühlen sich oft auch eng, gehetzt und gefangen. Viele Kurzatmer nehmen gerade so viel Sauerstoff auf, dass sie nicht ersticken. Die Folge ist eine Übersäuerung des Blutes. Diese Sauerstoffarmut bereitet den Boden für zahlreiche Erkrankungen, unter anderem Rheuma. Kurzatmer neigen auch eher zu Ängsten, Nervosität und Depressionen.

In stressigen Situationen kann es ganz leicht geschehen, dass die Atmung hektisch wird. Das beste Gegenmittel ist hier die bewusste Verlangsamung des Atmens. Dadurch kommen Sie ganz natürlich zur Ruhe und in die eigene Mitte:

- Sie beobachten ganz ruhig Ihren Atem, wie er kommt und geht.

- Nun atmen Sie ganz bewusst langsam, ganz langsam, durch den Mund aus.
- Nun atmen Sie durch die Nase ein und zwar so langsam, wie Ihnen dies möglich ist.
- Nun atmen Sie wieder durch den Mund ganz langsam aus.
- Und dann wieder ganz langsam durch die Nase ein.
- Dieses langsame, bewusste Atmen vollziehen Sie im Wechsel und beobachten alles ganz still.
- Setzen Sie diese Atemübung so lange fort, bis Sie sich vollständig ruhig und gelassen fühlen.

Das Beste, was Sie tun können, ist die Bauchatmung zu praktizieren – lebenslänglich. Das richtige Atmen erfolgt durch die Nase. Nur bei Anstrengungen gehen Sie zur Mundatmung über. Bewegen Sie sich auch so oft Sie können an der frischen Luft, am besten im Wald, in einem schönen Park oder am Meer. In Ihrem Haus dürfen Sie durch regelmäßiges Lüften für ein gesundes Raumklima sorgen, insbesondere im Schlafzimmer.

Kennen Sie das Geheimnis japanischer Mönche, die stundenlang in höchster Konzentration meditieren können? Sie praktizieren eine besondere Atemtechnik, die eine optimale Sauerstoffversorgung bis in die kleinste Zelle garantiert.

Diese Atemtechnik ist ganz einfach:

- Sie atmen einige Male regelmäßig tief ein und aus.
- Beim letzten Atemzug achten Sie darauf, dass die Luft so weit wie möglich aus der Lunge entleert ist.

- Nun nehmen Sie einen langen Atemzug und atmen dabei so tief wie möglich ein.
- Sie halten diesen Atem kurz an.
- Nun lassen Sie die Luft langsam und stoßweise beim Ausatmen durch den Mund entweichen. Dabei entstehen kleine Geräusche: »sch... sch... sch...« Diese Atemtechnik erinnert an das Lokomotivespiel kleiner Kinder.
- Sobald die Luft vollständig entwichen ist, atmen Sie völlig normal weiter.

Lassen Sie sich von dem Gefühl der Frische, der Klarheit und der Konzentration überraschen, das Sie in den folgenden Stunden begleitet.

Sie können diese Atemtechnik nach einigen Stunden gerne wiederholen, aber bitte nicht unmittelbar an eine gerade abgeschlossene Sequenz.

Eine gute Gesundheitsvorsorge ist auch das sogenannte Außer-Atem-Training. Einmal täglich dürfen Sie so richtig außer Puste kommen und Ihren Puls über 130 bringen. Ihr Herz-Kreislauf-System dankt es Ihnen. Das Außer-Atem-Training fördert ebenfalls die Sauerstoffversorgung bis in die kleinsten Zellen. Dadurch verzögert sich der Alterungsprozess, zugleich werden die Vitalität und Widerstandskräfte gestärkt. Das regelmäßige Lauftraining stärkt außerdem Muskulatur und Knochen und beugt so Osteoporose vor. Außerdem trägt die regelmäßige Bewegung zur Fettverbrennung und damit zu einer guten Figur bei.

Sie können dieses Intervall-Training ganz einfach starten:

### Phase 1:

Sie gehen im flotten Laufschritt so lange, bis Sie außer Atem kommen.

### Phase 2:

Sie gehen ganz langsam weiter, bis sich der Atem wieder beruhigt.

### Phase 3:

Sie gehen erneut im flotten Laufschritt so lange, bis Sie erneut außer Atem kommen.

### Phase 4:

Sie gehen ganz langsam weiter, bis sich der Atem wieder beruhigt.

### Phase 5:

Sie gehen ein drittes Mal im flotten Laufschritt so lange, bis Sie außer Atem kommen. Nach diesem dritten Set ist das Außer-Atem-Training beendet.

Sobald der Atem natürlich aus dem Bauch kommt, fließt er frei und kraftvoll durch den gesamten Organismus. Dies geschieht in einem entspannten Zustand. Dieser natürliche

Atemrhythmus verbindet Sie mit dem kosmischen Rhythmus. Damit einher geht ein Gefühl von Ruhe, Harmonie und innerer Gelassenheit. Sie fühlen sich eins mit der *einen Kraft* und spüren voller Vertrauen »*es* atmet mich«. Lernen Sie, ganz bewusst zu atmen und sich dadurch bewusst mit den kosmischen Kräften zu verbinden und diese gezielt aufzunehmen.

## 3. Entspannungstechniken

Körper und Geist leisten wesentlich mehr, wenn sie vollkommen locker und entspannt sind. Anspannung und Verkrampfung sind »ein Krampf«. Ein Krampf gibt immer Hinweis auf eine Energieblockade.

Ein Geheimnis von Spitzenleistung auf allen Ebenen ist Gelöstheit. In diesem Wort steckt das Wort Lösung. Wenn Sie im Zustand der heiteren Gelöstheit – frei von körperlichen Verspannungen und »geistigen Verknotungen« durch Ihr Leben gehen, dann kommen Lösungen ganz von selbst.

Wenn Sie getragen sind von einem Gefühl der Ruhe, der Gelassenheit und des Friedens, dann stellt sich höchste Konzentration ein. Sie treten aus der »linearen Zeit« aus und öffnen Ihr Bewusstsein für die *eine Kraft*. In der Ruhe liegt die Kraft! Je tiefer entspannt Sie sind, desto höher ist Ihre körperliche und geistige Leistungsfähigkeit.

Prüfen Sie einmal, wie es mit Ihrem Grad der Entspannung aussieht, und kreuzen Sie das jeweils Zutreffende an:

| | Nie | Selten | Manchmal | Meistens | Stets |
|---|---|---|---|---|---|
| Ich bin ruhig und gelassen. | | | | | |
| Ich behalte auch in schwierigen Situationen einen klaren Kopf. | | | | | |
| Ich nehme mir bewusst Zeiten der Ruhe. | | | | | |
| Ich kann gut abschalten. | | | | | |
| Ich kann nach Herausforderungen rasch wieder in meine innere Mitte zurückfinden. | | | | | |
| Ich bin gerne in der Stille. | | | | | |
| Ich mache regelmäßig Entspannungsübungen. | | | | | |

Nun ziehen Sie Bilanz.

»Meistens« und »Stets« lauten Ihre Antworten? Gratulation! Sie meistern Ihr Leben entspannt und gelassen.

Die Antwort »Manchmal« dominiert? Bestimmt haben Sie schon entdeckt, dass in puncto Entspannung noch Steigerungen möglich sind.

Je mehr »Nie« und »Selten« Sie angekreuzt haben, desto weniger Ruhe und Entspannung sind in Ihnen und Ihrem Leben. Wenn Sie mehr Gesundheit und Wohlbefinden wünschen, dann sollten spätestens jetzt nach diesem Selbst-Test die Alarmglocken schrillen und zum Handeln motivieren.

Was löst und befreit Sie am besten? Sie sind eingeladen, die Kunst der Entspannung zu lernen. Tiefe Entspannung findet immer auf allen drei Ebenen statt:

- Körperliche Entspannung. Das bedeutet Lockerung der Muskulatur und Befreiung von An- und Verspannungen.
- Emotionale Entspannung. Entkrampfen Sie Ihr Gefühlsleben. Jegliche Anspannung im emotionalen Bereich führt zu Unausgeglichenheit und Zerrissenheit. Diese verhindern Konzentration und Einsgerichtetheit.
- Geistige Entspannung. »Ruhen im Nichtstun« heißt die Zauberformel. Geben Sie Ihren Geist frei von unnützem innerem Geschwätz, Herumstochern in längst Vergangenem oder sorgenvollem Grübeln über die Zukunft. Je mehr Sie im Augenblick, im Hier und Jetzt, verweilen können, umso entspannter ist Ihr Geist. Zugleich wächst dadurch die Achtsamkeit für das, was der Augenblick von Ihnen erfordert, und Sie können entsprechend folgerichtig handeln. Und damit Ihre Berufung, Ihre Lebensaufgabe, erkennen und wirklich bewusst leben. Geistige Entspannung bedeutet konzentrative Entspannung, die ein Höchstmaß an Energie und Kraft freisetzt.

Tiefe Entspannung kann man lernen. Es gibt bewährte Techniken wie Yoga, Autogenes Training oder Progressive Muskelrelaxation.

Die Progressive Muskelrelaxation nach Dr. Edmund Jacobson eröffnet Ihnen einen raschen und leicht zu erlernenden Weg zur körperlichen Entspannung. Der Fokus ist dabei auf die Entspannung der Muskeln gerichtet. Diese Entspannung wird erzielt, indem zunächst die Muskulatur intensiv angespannt, für rund sechs Sekunden gehalten und danach komplett entspannt wird.

Stück für Stück arbeiten die Übenden den Körper nach einem bewährten Ablaufschema durch, das von der rechten über die linke Hand, zum rechten und zum linken Fuß, über beide Füße, die Knie, die Gesäßmuskulatur bis zum Bauch, den Schultern bis zum Kopf und dann den einzelnen Gesichtspartien führt. Der Erfolg ist eine vollständige Entspannung des gesamten Körpers, die mit einer wohltuenden Geistesruhe einhergeht.

In nahezu jeder Stadt gibt es Bildungseinrichtungen und Gesundheitszentren, die Ihnen die Progressive Muskelrelaxation, Yoga oder Autogenes Training vermitteln.

Mentale Entspannung bringt das Gemüt zur Ruhe und stärkt den Geist. Aus diesem Status erwachsen Ihnen Gelassenheit, friedvolle Harmonie, Freude und Zufriedenheit. Sie können Sie erfahren durch entspannende Musik, geführte Phantasiereisen oder auch gezielt lernen durch Entspannungstraining, entweder in Kursen oder selbstständig mit Entspannungs-CDs.

Ein Beispiel für Mentale Entspannung finden Sie nachfolgend:

»Ich mache es mir nun einmal ganz bequem.
Ich schließe meine Agen und lasse einfach los.
Ich fühle mich ganz gelöst und entspannt.
Während ich die Augen geschlossen habe, nehme ich mich selbst immer bewusster wahr. Ich spüre in mich hinein und erfülle meinen Körper ganz mit Bewusstsein.
Ich nehme jeden Wunsch wahr, mich noch zu bewegen, und erfülle mir noch einmal diesen Wunsch, um jetzt ganz bequem zu liegen. Und nun gestatte ich meinem Körper, ganz ruhig zu werden, ganz bewegungslos zu sein. Es ist gut, den Körper ganz zu entspannen.
Ich beginne, meinen Atem zu beobachten. Nichts verändern, nur beobachten. Und während ich meinen Atem beobachte, lasse ich ihn nach und nach tiefer werden. Ich atme ganz ruhig und tief – ruhig und tief.
Ich erlebe den Atem ganz ruhig und tief. Ich atme ruhig und gelassen. Es ist das Leben selbst, das mich atmen lässt, und ich fühle mich ganz geborgen durch das Leben in mir, das mich atmet.
Ich spüre ganz bewusst, wie der Atem meinen ganzen Körper durchfließt und erfüllt, und ich bin eins mit dem Atem und fühle mich ganz wohl. Ich bin ruhig, gelöst und dankbar, dass ich lebe.
Ich bin ganz erfüllt von Frieden und Harmonie. Ich ruhe in meiner Mitte, und ich fühle meine Einheit mit allem, was *ist*. Eine wundervolle Stille durchdringt mein ganzes

Wesen. Ich ruhe geborgen in mir und fühle mich ganz wohl.

Mit jedem Atemzug sinke ich tiefer und tiefer in mich hinein – ich sinke immer tiefer in mich hinein – immer tiefer in mich hinein.

Ich sinke in die Mitte meines Seins, ruhe in mir. Ich bin eins mit der Welt, ruhe in meiner Mitte.

In meiner Mitte spüre ich jetzt Wärme, eine pulsierende Wärme, die mich vom Bauch aus durchströmt. Diese strömende Wärme fließt jetzt durch meinen Körper – über meinen Bauch, vorbei an den Hüften, hinunter zu meinen Beinen. Ich lasse es einfach geschehen. Und nehme dabei wahr, wie die strömende Wärme meine Muskeln entspannt und lockert.

Ich sinke in die Mitte meines Wesens, ruhe in mir, bin eins mit mir und der Welt und ruhe in der Mitte meines Wesens.

Und ich gehe jetzt geistig durch meinen Körper und spüre einmal hin, welche Bereiche meines Körpers sich noch verspannt anfühlen und welche Bereiche weich und entspannt sind. Überall dorthin, wo ich mich noch verspannt fühle, richte ich meine Aufmerksamkeit und lasse diese strömende Wärme fließen.

Ein wunderbares Wohlgefühl durchströmt diesen Bereich meines Körpers. Ich atme ganz leicht in diese Bereiche.

Und ich atme sanft und tief ein und lasse die Luft in meinen Körper strömen, und die Spannungen beginnen sich mehr und mehr aufzulösen.

Sanft werde ich mir meines neuen Körpergefühls gewahr.

Ich finde wieder zurück ins Hier und Jetzt und nehme meine Atmung wahr. Fühle meinen Körper. Und wenn ich jetzt die Augen öffne, dann bin ich gestärkt und positiv motiviert. Ich öffne die Augen und fühle mich ganz wohl und gelassen.«

Die einfachste, natürlichste und günstigste Möglichkeit, tiefe körperliche und mentale Entspannung zu finden, ist ein gesunder Schlaf. Der Schlaf ist Ihre natürliche Quelle, die Ihre Lebensbatterie Nacht für Nacht auflädt. Im Schlaf regenerieren sich Körper, Geist und Seele – Voraussetzung für anhaltende Gesundheit und Wohlbefinden.

Sechs bis acht Stunden Schlaf sollten Sie sich regelmäßig – nicht nur am Wochenende oder im Urlaub – gönnen. Zu einem gesunden Schlaf gehört, dass Sie umgehend einschlafen können, durchschlafen und am Morgen gestärkt und frisch aufwachen. Dieses Gefühl, mit neuer Kraft in den Tag zu starten, gibt Ihnen Schubkraft und Optimismus.

Als Balsam wirkt der Schlaf vor Mitternacht. Die ideale, natürliche Schlafenszeit liegt zwischen 22 Uhr und sechs Uhr. Ein Tag, angefüllt mit Aktivität, ausgeführt mit einem gelassenen Gemüt, bewirkt ganz automatisch, dass ein tiefer, regenerierender Schlaf folgt.

Wie sieht es mit Ihrem Schlaf aus? Sind Sie erholt und entspannt? Oder haben Sie Schlafdefizite oder gar Schlafstörungen? Diese kleine Checkliste hilft Ihnen, eine »nächtliche Bilanz« zu ziehen. Kreuzen Sie die Antwort an, die am ehesten auf Sie zutrifft.

| | Nie | Selten | Manchmal | Oft | Immer |
|---|---|---|---|---|---|
| Ich benötige Medikamente, damit ich überhaupt schlafen kann. | | | | | |
| Ich komme morgens schwer aus dem Bett. | | | | | |
| Ich benötige einen Wecker, um rechtzeitig wach zu werden. | | | | | |
| Ich verschlafe leicht. | | | | | |
| Ich bin am Morgen nach dem Aufstehen gereizt. | | | | | |
| Ich habe am Wochenende und im Urlaub andere Schlafgewohnheiten. | | | | | |
| Ich bin tagsüber müde und unkonzentriert. | | | | | |

Nun ziehen Sie Bilanz. Die Antworten »nie« und »selten« überwiegen? Sehr gut! Mit Ihrem Schlaf ist es bestens bestellt. Genießen Sie dies und bleiben Sie bei Ihrem Lebensstil, so dass das auch auf Dauer so bleibt.

»Manchmal« dominiert bei Ihren Antworten. Mit einigen kleinen Veränderungen ist eine Verbesserung Ihres Schlafes erzielbar. Damit steigert sich ganz automatisch Ihr Wohlbefinden.

Sie haben hauptsächlich die Antworten »oft« und »immer« gewählt? Sie sind eingeladen, Ihren Schlaf zur Herzenssache zu machen. Denken Sie an Ihre wertvolle Gesundheit und an Ihre mentale Entspannung – eine wichtige Voraussetzung für Ihr neues, erfülltes Leben.

Mit einigen wenigen Schritten können Sie Ihr defizitäres Schlafkonto wieder auf die Habenseite bringen. Es ist ganz einfach, erfordert aber einige Selbstdisziplin.

### *Ihr neuer Schlaffahrplan zu Ihrer inneren Kraftquelle:*

- Schalten Sie am Abend den Fernseher aus und gönnen Sie Ihrem Geist erholsame Ruhe. Greifen Sie zu einem schöngeistigen Buch oder hören Sie wohltuende Musik.
- Verabschieden Sie kurzweilige Unterhaltung und Zerstreuung aus Ihrem Leben. Unterhaltung ist, wie das Wort schon sagt, »unten Haltung«. Wenn Sie sich mit Nichtigkeiten berieseln lassen, folgt Ihre Aufmerksamkeit dieser angebotenen geistigen Magerkost. Und Zerstreuung zerstreut Ihren Geist und verhindert damit das Einsgerichtetsein auf das, was wirklich wesentlich im Leben ist.
- Vermeiden Sie besonders abends aufregende Telefongespräche oder heftige Diskussionsrunden. Lassen Sie den Tag harmonisch und friedlich, in gutem Einvernehmen mit sich und Ihrer Umwelt – ausklingen.

- Drehen Sie vor dem Zubettgehen noch eine Runde um den Häuserblock oder – wenn möglich – in einem Park. Betrachten Sie den Sternenhimmel, atmen Sie die kühle Abendluft ein und lassen Sie ganz bewusst mit jedem Schritt, den Sie tun, den Tag hinter sich. Genießen Sie die friedliche Atmosphäre.

- Gönnen Sie sich danach ein entspannendes Bad mit beruhigenden Zusätzen (Lavendel, Melisse).

- Trinken Sie vor dem Zubettgehen eine Tasse mit entspannendem Tee (Baldrian, Melisse).

- Sorgen Sie dafür, dass Ihr Schlafzimmer ein Ort der Geborgenheit ist. Verbannen Sie Fernseher, Radio und Computer aus dem Raum. Dekorieren Sie Ihre persönliche Rückzugsoase mit warmen, schönen Farben, die Sie für die Vorhänge und Bettwäsche wählen.

- Vor dem Zubettgehen versprühen Sie Ihren Aromatherapie-Lieblingsduft mit besänftigender Wirkung (Lavendel, Bergamotte, Lemon, Orange).

- Gehen Sie still zu Bett und halten Sie Tagesrückschau. In Gedanken lassen Sie den Tag Revue passieren und empfinden Dankbarkeit für all das Schöne, was Ihnen heute widerfahren ist: wunderbare Begegnungen, kleine und große Geschenke, nette Worte, Erfahrungen und wertvolle Erkenntnisse.

- Genießen Sie das Gefühl tiefer Dankbarkeit und verweilen Sie bei einem besonderen, Wunder wirkenden Gedanken, der Sie in die Nacht begleitet: »Danke, dass ich gesund, glücklich und voll Vertrauen geborgen bin.«

- Lassen Sie sich auch überraschen, wie erholsam ein kurzer, aber dabei doch tief wirkender Mittagsschlaf sein kann. 15 Minuten sind ideal, um für die zweite Hälfte des Tages fit und gestärkt zu sein.

Zum Entspannen gehört auch die Kunst loszulassen und vertrauensvoll zu sein. Dazu gibt es eine schöne Geschichte:

Ein Mann, dessen Leben beendet war, erschien vor Gott. Gott blickte auf das Leben des Mannes zurück und zeigte ihm die vielen Lektionen, die er gelernt hatte. Als Gott fertig war, sagte er: »Mein Sohn, möchtest du etwas fragen?« Der Mann antwortete: »Während Du mir mein Leben zeigtest, fiel mir auf, dass in guten Zeiten immer zwei Paar Fußspuren waren. Und ich wusste, dass Du neben mir gingst. In schlechten Zeiten aber war da nur eine Fußspur. Mein Vater, warum hast Du mich in schwierigen Zeiten verlassen?«
Gott antwortete: »*Du* verstehst es falsch, mein Sohn. Es ist wahr, dass ich in guten Zeiten neben dir ging und dir den Weg zeigte. Aber in schwierigen Zeiten, da habe ich dich getragen!«

# 4. Energie-Management

Ein wichtiger Mosaikstein im Energie-Management ist Optimismus. Positive und aufbauende Gedanken, Gefühle, Worte und Taten geben einen Energieschub. Sie wirken als Turbolader für Ihre Batterie. Umgekehrt gibt es auch Energieräuber: Klatsch und Tratsch, Nörgelei, Pessimismus, Wut und Zorn. Eine einfache Art von Energie-Management ist es, wenn Sie sich nicht mehr in die Angelegenheiten anderer einmischen, die Sie nichts angehen. Damit entfallen Probleme, Spekulationen, Hoffnungen und Befürchtungen ganz automatisch.

Byron Katie unterscheidet drei Arten von Angelegenheiten:

- Ihre Angelegenheiten, für die Sie verantwortlich sind (zum Beispiel Ihre Ernährung, Ihre Wohnung, Ihre Arbeit, Ihre Freunde).
- Die Angelegenheiten anderer, für die auch die anderen verantwortlich sind (zum Beispiel, was diese Menschen essen, wie sie sich kleiden, welches Auto sie fahren, wie sie ihre Kinder erziehen).
- Die göttlichen oder kosmischen Angelegenheiten (zum Beispiel das Wetter, Naturereignisse).

Ein Leben in höchster Selbstverantwortung zu leben bedeutet immer, bei sich und seinen Angelegenheiten zu bleiben. Der andere darf so sein, wie er ist. Nur er alleine kümmert sich um seine Angelegenheiten. Das Gleiche gilt für die göttlichen und kosmischen Angelegenheiten. Der oder die »da oben« wissen schon, was zu geschehen hat, damit es in *Ein*klang mit der kosmischen Ordnung ist. Sie dagegen haben dieses höhere Wissen, die göttliche Weisheit, nicht.

Darum halten Sie sich ganz einfach in Gedanken, Worten und Taten zurück mit jeglicher Einmischung, Wertung,

Bewertung, Kommentierung und Kritik bezüglich der Angelegenheiten anderer oder der, die in das göttliche Ressort fallen.

Umgekehrt dürfen Sie auch die anderen freundlich, aber bestimmt zurückweisen, wenn diese sich in Ihre Angelegenheiten mischen wollen.

Die Spielregeln sind eindeutig: Die anderen übernehmen für sich die Verantwortung, und Sie übernehmen für sich selbst die Verantwortung. So lebt jeder ein selbstbestimmtes, freies Leben. Das ist wahre *Selbst*verantwortung. Lassen Sie sich überraschen von der wundervollen Belohnung, wenn Sie ab sofort nur noch für Ihre eigenen Angelegenheiten zuständig sind: Sie spüren ein deutliches Mehr an Zeit, Energie und Lebensfreude.

In dieselbe Richtung zielt auch Will Bowen mit seinem Projekt und gleichnamigen Buch *Einwandfrei – A Complaint Free World. Wie Sie aufhören, über Gott und die Welt zu klagen, und stattdessen anfangen, wirklich das Leben zu genießen.* Will Bowen, Pastor der US-amerikanischen Christ Unity Church in Kansas City/Missouri, machte die Erfahrung, dass die Stimmung in seiner Gemeinde immer schlechter wurde. Als Ursache identifizierte Bowen die Neigung zu Klatsch und Tratsch, Jammern, Nörgeln und Beschweren. Als die Rede auf ein Sommerprojekt für die Gemeinde kam, richtete Will Bowen den Fokus auf genau dieses Problem. Er machte seinen Gemeindemitgliedern den Vorschlag, »beschwerdefrei« zu werden. So stand der Sommerstudienkurs 2006 der Gemeinde im Zeichen eines ganz besonderen Projektes. Ziel war, so schnell wie möglich auf jegliches Tratschen, Nörgeln und Jammern zu verzichten. Als Trainingshilfe verteilte Will Bowen lila Plastikarmbänder an die 500 Teilnehmer. Lila gilt als Farbe der Transformation. Und genau darum ging es: um die Veränderung der Worte und der dahinter liegenden Gedanken und Glaubenssätze.

Diese Aktion bedeutete eine Absage an die akustische Umweltverschmutzung und an die Unsitte, andere Menschen als Klagemauer zu missbrauchen. Will Bowen hatte erkannt, dass Nörgler und Jammerer starke Energievampire und Miesmacher sind, die einer ganzen Gemeinde nicht nur den letzten Nerv, sondern auch Energie und Lebensfreude rauben können. Die Spielregel sah so aus, dass bei jeder negativen Äußerung, bei jedem Beschweren und Tratschen, das lila Armband von einem Handgelenk zum anderen gewechselt werden musste.

Ein solcher gezielter Wechsel gräbt mit jedem Mal eine Furche ins Bewusstsein und bewirkt eine Vergegenwärtigung des Verhaltens und der Äußerungen: ein Training in höchster Achtsamkeit in jedem Augenblick. Was will ich gerade sagen? Ist es Nörgelei? Ist es Kritik? Ist es Gerüchtestreuen?

Zu Beginn war es durchaus normal, dass die Beteiligten bis zu 20 oder gar 40 Mal am Tag das lila Armband vom rechten an das linke Handgelenk und wieder zurück tauschen mussten. Von Tag zu Tag zeigte sich aber der Erfolg des Trainingsprogramms zur Steigerung des aufmerksamen Umgangs mit Worten. Die Zahl des notwendigen Armbandwechsels reduzierte sich. Jeder gab sein Bestes, um das Ziel zu erreichen: 21 Tage nonstop das lila Armband an einem Handgelenk zu behalten. Es gab keinen freien Tag. Wer es bis zum 20. Tag geschafft hatte, beschwerdefrei zu sein, in letzter Minute aber patzte, der konnte wieder bei Tag eins ganz von vorne beginnen. Nach durchschnittlich vier bis acht Monaten hatten alle Teilnehmer das Ziel erreicht, 21 Tage lang am Stück »beschwerdefrei« zu sein. Diejenigen, die die Aufgabe erfolgreich gemeistert und nicht aufgegeben hatten, zeichneten sich durch folgende Eigenschaften aus:

- Zielklarheit
- Mut
- Entschlossenheit
- Engagement
- Durchhaltevermögen

Verhaltenspsychologen gehen davon aus, dass nach 21, spätestens aber nach 40 Tagen, ein altes Verhaltensmuster verabschiedet und ein neues auf stabilen neuronalen Bahnen läuft.

Mit diesem Projekt eröffnete sich für die Teilnehmer die Chance zu einem dauerhaften Wandel und damit zu einer ganz neuen Art, durchs Leben zu gehen. Will Bowen berichtet von einer deutlichen Veränderung der einzelnen Gemeindemitglieder und von der Stimmung und dem Umgang in der Gemeinschaft. Alle erlebten mehr Zufriedenheit und mehr Glücksgefühle. Inzwischen hat die Aktion »A Complaint Free World« international Kreise gezogen mit bis zum Jahr 2007 über sechs Millionen verteilten Armbändern in über 80 Ländern. Die Nachfrage hält an.

Können Sie sich vorstellen, was es bedeutet, wenn Millionen Menschen das lila Armband tragen und auch nach Erreichen des Ziels weiterhin bewusst, wenn nicht sogar stetig bewusster, mit ihren Gedanken und Worten umgehen? Können Sie hochrechnen, wie viel weniger Jammern, Kritik und Negativismus dadurch in die Welt getragen wird? Und wie viel Positives an diese Leerstelle (= Lehrstelle) bislang gesetzt wurde und noch weiter gesetzt wird?

Ich erinnere an die Erkenntnisse aus den vorigen Kapiteln. Wenn jeder Einzelne, jeder der acht Milliarden Menschen auf unserem Planeten, die Welt durch sein *So-Sein* erschafft – durch seine Gedanken, Worte und Taten, wie viel glücklicher, gesünder und positiver ist die Welt alleine nur durch dieses Projekt »Beschwerdefrei« von Will Bowen geworden?

Beschwerdefrei leben heißt Einwand-frei und damit auf allen Ebenen beschwerdefrei zu sein: körperlich, seelisch und geistig. In diesem Zustand lautet die einzige Antwort auf die Frage »Wie geht es dir?« »Sehr gut! Ein weiterer Tag im Paradies!« Und am Abend lautet das einzige Gebet: »Danke!« Das ist wahres Energie-Management, das Ihnen, Ihrer Mitwelt und dem großen Ganzen dient.

Zur Optimierung Ihres Energie-Managements dürfen Sie auch das Thema Angst anschauen. Angst ist ein Energiesauger. Höchstleistung und Erfolge erzielen Sie nur in einem angstfreien, optimistischen Zustand. Verabschieden Sie Angst und Sorgen aus Ihrem Leben, dann werden riesige Mengen an gebundener Energie freigesetzt.

Dazu ist es hilfreich, Ihre »Sorgenkinder« kennenzulernen:

- Was macht mir Angst?
- Ist diese Angst konkret (Bedrohungen)?
- Oder existiert diese Angst nur in meinem Kopf (Vorstellungen, Befürchtungen)?
- Wie kann ich meine Angst meistern?
- Wie bin ich bislang erfolgreich mit meiner Angst umgegangen?
- Welche Techniken kann ich anwenden?
- Welche Hilfe kann ich nutzen?

Freude und Spaß sind ein Schlüssel für Angstfreiheit. Wenn Sie in der Freude sind, breitet sich ein Gefühl von Entspannung und Gelassenheit aus. Sie spüren die positive, wohltuende Energie. Zum Energie-Management gehört, dass Sie aktiv am Thema Freude arbeiten. Warten Sie nicht, bis ein anderer Mensch Ihnen eine Freude bereitet oder Sie glücklich macht. Sie selbst sind der einzige Mensch, der Sie glücklich machen kann – und das in jeder Sekunde Ihres Lebens. Und Sie selbst sind es auch, der darüber entscheidet, ob Sie ein freudvolles Leben oder ein leidvolles Leben führen.

Es lohnt sich darum, dass Sie sich intensiv mit der Freude befassen:

- Was macht mir wirklich Freude in meinem Leben?
- Wie kann ich mir eine Freude bereiten?
- Wie kann ich anderen eine Freude bereiten?

- In welchen Augenblicken erlebe ich Freude besonders intensiv?
- Wie kann ich (noch) mehr Freude in mein Leben bringen?
- Was darf ich loslassen, weil es mir keine Freude bringt?
- Welche neuen Menschen, Projekte, Ziele darf ich in mein Leben einladen, damit die Freude von Tag zu Tag wächst?
- Was bedeutet es für mein Leben, den Weg der Freude zu gehen?

Der Weg der Freude führt über das Loslassen. Mühelosigkeit und Leichtigkeit stellen sich ein, wenn Sie Belastendes loslassen. Das, was nicht mehr zu Ihnen gehört, ist der Rucksack der Vergangenheit:

- Dinge, die vorbei sind, die Sie nicht mehr ändern können
- Alte Verhaltensweisen
- Überholte Denkmuster

Das ist Ballast, den Sie mit sich herumschleppen. Lassen Sie diese Energieräuber los. Die Kunst des Loslassens zu beherrschen bedeutet, sich jederzeit das Geschenk der Freiheit geben zu können.

Menschen, die angstfrei, freudig und optimistisch durch das Leben gehen, sind Gewinner. Eine gute Übung, Ihren Optimismus und Ihre positive Haltung zu steigern ist es auch, eine Liste anzulegen mit allem, wofür Sie dankbar sind. Notieren Sie darauf alles, was Sie in Ihrem Leben bislang erreicht, geschenkt bekommen und gemeistert haben. Das können finanzielle, gesundheitliche, berufliche, soziale und spirituelle Erfolge sein. Diese Liste ist niemals abgeschlossen. Sie können sie regelmäßig fortführen und durch aktuelle Geschehnisse ergänzen. Und: Lesen Sie immer wieder einmal ganz bewusst Ihre Dankbarkeitsliste. Dieses Ritual gibt Ihnen Energie.

Die Liste wirkt so auch als »Medikament« gegen Angst. Wovor sollten Sie (noch) Angst in Ihrem Leben haben, wenn Sie so viel Gutes schon erhalten und erreicht haben? Die Dankbarkeitsliste stärkt Ihr Vertrauen darin, dass das Leben Sie auch künftig mit allem reich versorgen und beschenken wird, was immer notwendig ist, um Ihre Lebensaufgabe optimal zu erfüllen.

Gezieltes Energie-Management eröffnet Ihnen so die Chance, ein starkes Selbstwertgefühl aufzubauen, Ihre Willenskraft zu stärken, Energie freizusetzen und damit Hindernisse zu überwinden. Gedanken und Gefühle sind der Treibstoff, der Energie blockiert oder freisetzt. Im Mental-Training bedeutet Energie-Management bewusster Umgang mit den Gedanken. Dabei gilt es, negative Gedanken in positive umzuwandeln. Dabei helfen Affirmationen.

## 5. Affirmationen

Affirmationen sind positive, in der Gegenwartsform formulierte Bekräftigungsformeln (Worte und Glaubenssätze). Durch kontinuierliche Wiederholungen setzen Sie eine Ursache und bereiten so den Boden für die gewünschte Wirkung. Affirmationen dienen dazu, Ihr Selbstvertrauen und

Ihr Selbstbewusstsein zu stärken und Sie so in die bestmögliche Lage zu bringen, ein Leben in Selbstbestimmung und Selbstverantwortung zu führen.

Affirmationen wohnt die Kraft zur Transformation (Wandlung) inne.

Dieses lässt sich durch folgende geistige Wirkmechanismen erklären:

- Wie innen so außen. Wie oben so unten. Das ist ein geistiges Gesetz, das sogenannte Hermetische Gesetz (benannt nach dem Weisheitslehrer Hermes Trismegistos). Die Realität, die Sie als Wirklichkeit erleben, ist der Spiegel Ihrer inneren Realität. Ihre innere Realität ist geprägt von Ihren dominierenden Gedanken, Glaubenssätzen und Verhaltensmustern. Sie glauben, die Welt ist böse? Dann erleben Sie genau dieses: Man betrügt Sie, kränkt Sie, will Ihnen übel.

- Verändern Sie ganz bewusst den Fokus und die Qualität Ihrer Gedanken (vom Negativen ins Positive), dann verändert sich auch die Realität, die im Außen in Erscheinung tritt.

- Ihre Gedanken und Ihre Worte setzen die geistige Ursache für das, was als Materie in Erscheinung tritt. Gedanken und Worte sind der erste Schritt in Richtung schöpferischer Manifestation, wenn Sie bewussten Gebrauch davon machen. Die Bibel gibt einen Hinweis auf dieses Geheimnis: »Am Anfang war das Wort, und das Wort war bei Gott.« Der Schöpfer spricht das Machtwort (= im Wort liegt Macht), und es geschieht.

Wichtig ist, dass Ihre Affirmationen positive Gedanken in klarer und reiner Form – kurz und prägnant – ausdrücken.

Beispiele für Affirmationen:

- Ich bin ganz entspannt und ruhig.
- Ich nehme mich in Liebe und Wertschätzung an, so wie ich bin.
- Ich bin heil an Körper, Geist und Seele.
- Ich bin schlank und gesund.
- Ich bin gesund und glücklich, und dafür bin ich dankbar.
- Ich mache andere Menschen gesund und glücklich.
- Das Universum ist gut zu mir.
- Ich bin offen für Wunder.
- Alle Dinge entwickeln sich zu meinem Wohl.
- Ich erkenne Chancen und nutze sie.
- Ich bin ein Erfolgsmagnet.
- Ich lebe in der Fülle und bin immer reich beschenkt.
- Ich habe Wohlstand verdient, weil ich es wert bin.
- Ich bin Herr und Meister meines Lebens.
- Ich erreiche leicht meine Ziele.
- Ich bin sicher und geborgen.
- Ich bin eins mit der Natur.
- Ich denke aufbauend und positiv.
- Ich bin ein liebevoller Partner.
- Ich glaube an mein Leben, und das Leben liebt mich.
- Ich fühle mich in allen Handlungen positiv und ausgeglichen.
- Mein Erfolgsbewusstsein ist geprägt von kreativen Ideen.

- Alles Positive fließt in mein Leben.
- Ich bin ein selbstbewusstes Wesen und strahle Ruhe und Gelassenheit aus.
- Ich bin immer im Lösungs-Bewusstsein.
- Ich bin eine Inspiration für andere Menschen.
- Ich bin Liebe.
- Ich bin Licht.
- Ich bin eins mit der göttlichen Quelle in mir.
- Ich bin ein bewusster Schöpfer.

Je einfacher und klarer die Affirmationen, umso besser die Wirkung.

Bei der Anwendung von Affirmationen ist es hilfreich, einige Zusammenhänge zu kennen. Dahinter steckt der Wunsch, Ihr Leben zu verändern und neue Ziele zu erreichen. Den ganzen Tag lang murmeln Sie Ihre Bekräftigungsformeln vor sich hin. Zur Unterstützung heften Sie kleine Memozettel an den Badezimmerspiegel, an den Kühlschrank und an den Computer. Während Sie Ihre Affirmation wiederholen, gibt es aber im Hinterkopf eine Stimme, die widerspricht: »Stimmt ja gar nicht. Du bist nicht schlank. Du bist dick.« Oder: »Lüge. Du bist gar nicht wohlhabend, Du bist pleite.«

Das Wissen um das Zusammenspiel von Gedanken, Emotionen und Gefühlen liefert die Erklärung, warum Affirmationen manchmal nicht die erwartete Wirkung haben. Die Erklärung ist, dass die Energie der Aufmerksamkeit folgt. Das, auf was Sie schwerpunktmäßig Ihre Aufmerksamkeit richten, das ziehen Sie in Ihr Leben.

Wenn Sie Dicksein, Armut und Krankheit vermeiden wollen, aber ständig daran denken, dass Sie es unbedingt vermeiden, beziehungsweise loswerden müssen, »füttern« sie genau das Befürchtete und Unerwünschte. Ihre Gedanken und Emotionen schaffen eine Gefühlswelt, die so stark ist, dass die schöpferische Kraft entsprechend reagiert und das Negative herbeibringt, beziehungsweise verstärkt. Es sind die Emotion der Angst (arm zu sein, dick und ungeliebt zu sein etc.) und Gefühle des Mangels und des Nicht-Wert-Seins, die diese starke schöpferische Wirkkraft freisetzen.

Darum richten Sie Ihren Fokus nicht auf das, was Sie nicht haben wollen, sondern auf das, was Sie haben wollen (= den erwünschten Endzustand). Das bedeutet, den inneren Scheinwerfer Ihrer Gedanken stets und unbeirrbar auf das Positive gerichtet halten in Gedanken, Worten und Gefühlen. Halten Sie sich darum auch von Zweiflern, Pessimisten, Neidern und »Miesmuscheln« fern, die Sie von Ihrem positiven Einsgerichtetsein abbringen könnten. Der beste Rat ist: Schweigen Sie über Ihre Ziele. Gehen Sie in der Stille geradlinig Ihren Weg.

Wichtig ist auch zu unterscheiden, welcher Natur Ihre Affirmationen sind. Handelt es sich um reine Wünsche? Plappern Sie Hoffnungen einfach vor sich hin? Oder handelt es sich um wirkliche Ziele, die Sie mit Energie aufladen und dann auch kraftvoll im Alltag das Ihre tun, damit das Gewünschte sich auch in Ihrer Realität manifestiert?

Die Lebensumstände sind das, was im Außen in Erscheinung tritt als Resultat der Verbindung Ihrer Gedanken, Emotionen und Gefühle. Die Formel lautet: Gedanken, die

Sie denken + das Bild, das Sie vor Ihrem inneren Auge sehen + die Gefühle, die Sie dabei erleben = die Wirklichkeit schaffende Kraft, die Schöpferkraft.

Wenn Ihre Gedanken, Emotionen und Gefühle nicht miteinander in Einklang sind, kann die gewünschte Manifestation nicht erfolgen. Sie denken zum Beispiel: »Eine neue berufliche Stellung kommt nun in mein Leben.« Zugleich haben Sie jedoch Angst vor Veränderung oder fühlen sich nicht wert, ein besseres Leben verdient zu haben. In diesem Fall setzen Sie selbst einen Blockademechanismus in Gang, der verhindert, dass Ihre Affirmationen Erfolg haben.

## 6. Positive Einstellungen und Denkgewohnheiten

Ihre Einstellungen und Denkgewohnheiten setzen die geistigen Ursachen für das, was im Außen in Erscheinung tritt. Negative Einstellungen und Denkgewohnheiten über Sie selbst, Ihre Mitmenschen und die Welt führen zu negativen Wirkungen. Der Volksmund bringt diese Gesetzmäßigkeit in einem schönen Sprichwort auf den Punkt: »Wie man in den Wald hineinruft, so schallt es wieder heraus.«

Das kontinuierliche Mental-Training fördert, entwickelt und vollendet Ihre Fähigkeit, alles, wirklich *alles* zum Positiven zu wenden. Positive Denkgewohnheiten sind der Schlüssel dafür, allem auch eine positive Seite abzugewinnen, beziehungsweise das, was noch nicht positiv ist, ins Positive zu verwandeln.

Sie haben bei allem, was geschieht, die Wahl, wie Sie darauf reagieren, wie Sie darüber denken, wie Sie darüber sprechen, welche Handlung Sie als Reaktion folgen lassen. Sie können kapitulieren, wenn Ihnen »das Schicksal« Steine in den Weg legt oder aber diese Steine freudig aufsammeln und ein schönes Haus daraus bauen. Ein Sprichwort sagt es treffend: »Wenn das Leben dir eine Zitrone reicht, freue dich und mach eine Limonade daraus.«

Sehr oft stehen wir uns selbst im Weg – durch unsere Gedanken. Die Art Ihrer Gedanken bestimmt die Qualität Ihres Lebens. Täglich denken Sie rund 40 000 Gedanken. Welcher Natur sind Ihre Gedanken? Positiv und aufbauend? Oder negativ, demotivierend und herunterziehend?

Selbstbeschimpfungen, Selbstzweifel und Selbstkritik schwächen. Starke und positive Gedanken stärken.

Wenn Sie ein traumhaft schönes Leben haben wollen, dürfen Sie ganz einfach mit positiven Einstellungen und Denkgewohnheiten die richtigen Ursachen setzen. Dabei geht es nicht um Eintagsfliegen, sondern um die Entwicklung und Kultivierung von dauerhaft positiven Einstellungen und Denkgewohnheiten. Es ist mehr zu tun, als einmal täglich zehn Minuten Mental-Training zu praktizieren. Von einer einzigen Kniebeuge erwartet auch keiner, schlank zu werden und auf Dauer zu bleiben.

Alle Ereignisse dieser Welt benötigen jedoch neben der geistigen Ursache auch einen physikalischen Auslöser, um materielle Wirklichkeit zu werden. Dies ist ein physikalisches Gesetz. Diesen Auslöser dürfen wir selbst betätigen, damit die Erfüllung auch in Erscheinung treten kann. Sie sind eingeladen, Ihren Teil zur Erfüllung Ihrer Wünsche beizutragen. Alles, was Sie selbst tun können, um dem von Ihnen gewünschten Endzustand näher zu kommen, ist auch zu tun. Auf was es ankommt, ist, dass das Leben und das Schicksal eine Chance erhalten, durch Sie zu wirken.

Tragen Sie auf Ihrer Ebene zum Erfolg bei durch entsprechende Eigeninitiativen, die zur Erreichung Ihres Zieles erforderlich sind. Je nach Ziel können das ganz unterschiedliche Aktivitäten sein:

- Zeitungsinserate lesen und aufgeben
- Telefonieren
- Freunde und Bekannte fragen
- Sich um Fürsprecher/Empfehlungen bemühen
- Ein Netzwerk an Verbindungen knüpfen und halten
- Das als richtig Erkannte sofort *tun*! Dabei die 72 Stunden-Regel beachten: Alles Vorgenommene, was Sie nicht innerhalb von 72 Stunden praktisch angehen, hat eine hohe Wahrscheinlichkeit, in Vergessenheit zu geraten. Der Volksmund rät darum ganz treffend: Tu's gleich!
- Täglich die gewählten Übungen aus dem Mental-Training wiederholen
- Altes, Falsches und Überflüssiges loslassen
- Offen sein, das Neue zu empfangen
- Achtsam sein für Boten und Botschaften, die zumeist unerwartet in Ihr Leben kommen
- Sich wert fühlen, Erfüllung zu empfangen

Denken Sie auch an die gute Tat:

- Erst kommt das Dienen, dann das Verdienen
- Erst kommt die Saat, dann die Ernte
- Erst kommt das Geben, dann das Nehmen
- Glauben Sie an den Erfolg
- Beachten Sie die Wirkung des eigenen Äußeren
- Erhöhen Sie die eigene Qualität
- Lösen Sie sich von überzogenen Ansprüchen an sich selbst

Treffen Sie eine Entscheidung:

- Fragen Sie Ihren Inneren Meister, Ihre innere Stimme.
- Vertrauen Sie Ihrer inneren Stimme und Ihrem Bauchgefühl.

Durch das kontinuierliche Einüben positiver Denkgewohnheiten verändern sich Ihre Selbstgespräche, Ihre Worte an andere und Ihre Handlungen. Dadurch wandelt sich Ihr gesamtes Energiefeld – Ihre energetische Signatur –, und Sie wirken dauerhaft als positiver Sender und Empfänger. Die Folge ist die Verwandlung Ihres gesamten Lebens.

# 7. Visualisierungs- und Imaginationstechniken

Visualisierung oder Imagination bedeutet bildhafte Vorstellung. Der Unterschied zwischen spontaner und willentlicher Imagination gleicht dem Unterschied zwischen dem Emporholen einer Erinnerung und dem Tagtraum von einem freudvollen Erlebnis, das so bislang noch nie geschehen ist. Es ist die willentliche (bewusste) Imagination, durch die Sie neue Konzepte entwickeln und neue Erfahrungen anziehen. Ich lade Sie zu einem kleinen Experiment ein, bei dem Sie Erfahrungen mit Imagination oder Visualisierung machen können.

Stellen Sie sich vor Ihrem geistigen Auge die Szenerie eines kleinen Dorfes vor. Es hat eine Hauptstraße. An deren Ende steht ein Gebäude, das höher als die übrigen Gebäude herausragt. Nun schließen Sie die Augen und nehmen sich eine halbe bis eine Minute Zeit, in der Sie sich diese Dorfszene so lange vorstellen, bis Sie alles ganz klar sehen. Erst dann lesen Sie weiter.

Wie war das Experiment für Sie? Was haben Sie gesehen:

- Welche Art Szene erschien im Detail vor Ihrem geistigen Auge?
- Wie sah das Dorf aus? War es ein deutsches Dorf? Oder ein Dorf in Afrika, Indien oder im Wilden Westen?
- Welchen Anblick bot die Hauptstraße? War sie gepflastert? Geteert oder unbefestigt?
- Aus welchem Material waren die Häuser? Aus Holz, Stein oder Beton?
- Wie sah die Dachdeckung aus?
- Kamen Menschen vor? Was taten diese Menschen?

Wenn Sie nun nochmals in Ihre Erinnerung gehen: War das Dorf ein Ort, den Sie tatsächlich schon einmal besucht haben oder eine Szene aus einem Film oder ein ganz neues, Ihnen unbekanntes Dorf? Der Sinn dieses Experimentes ist, Ihnen zu zeigen, dass alle Einzelheiten des Bildes von Ihrer unbewussten, spontanen Imagination beigesteuert werden, selbst wenn es sich um eine Erinnerung an ein echtes Dorf handelt. Es ist Ihre bildhafte Vorstellungskraft, die diese Dorfszene geschaffen hat. Mit großer Wahrscheinlichkeit hatten Sie das Bild schnell vor Ihrem geistigen Auge »fertig gemalt«. Und sehr wahrscheinlich war es nicht nötig, bewusst irgendwelche Elemente einzufügen, was ein Beweis für die Spontaneität dieses ganz natürlichen Vorgangs der Imagination ist.

In einem zweiten Experiment bitte ich Sie, dass Sie erneut das Dorf mit der Hauptstraße vor Ihrem geistigen Auge entstehen lassen. Dieses Mal stellen Sie sich selbst und einen Freund ganz bewusst und willentlich auf die Hauptstraße. Dann gehen Sie mit dem Freund die Dorfstraße entlang und sehen sich um. Wenn Sie tatsächlich einmal in der Vergangenheit mit einem Freund eine solche Straße entlanggegangen sind, dann stellen Sie sich vor, dass Sie dieses Mal von einem anderen Freund begleitet werden und andere Dinge tun als damals. Nehmen Sie sich für diese Übung einige Augenblicke Zeit, bis Sie alles ganz klar vor Ihrem geistigen Auge wie einen kleinen Film sehen können.

In diesem zweiten Experiment haben Sie eine spontan imaginierte Szene mit einer willentlichen Imagination überlagert. Sie haben dergleichen vielleicht in Tagträumen schon viele Male getan. Auf was es nun ankommt, ist den Vorgang der Technik zu erkennen. Diese Technik ist ein Schlüssel, mit dem Sie ganz bewusst Ihre Realität selbst erschaffen können.

Neben der bildhaften Imagination gibt es auch die pantomimische Imagination. Mit einem kleinen Experiment können Sie den Unterschied zwischen beiden kennenlernen. Stellen Sie sich vor Ihrem geistigen Auge ein quadratisches Päckchen von etwa 15 Zentimeter Kantenlänge vor, das mit einem roten Band verschnürt ist. Nun stellen Sie sich vor, wie Sie das Päckchen öffnen und darin ein Armband finden, das auf Watte gebettet ist. Nun stellen Sie sich vor, wie Sie das Armband anlegen. Dann öffnen Sie die Augen. Nun folgt der zweite Teil des Experimentes. Diesmal stellen Sie sich vor, dass Sie ein solches Päcken auf Ihrem wirklichen, physischen Schoß vor sich haben. Stellen Sie sich vor, das Päckchen wäre wirklich in Ihrer dreidimensionalen Realität vorhanden. Stellen Sie sich vor, wie Ihre wirklichen Hände das Päckchen öffnen, das Armband herausnehmen und es um Ihr wirkliches Handgelenk legen.

Können Sie den Unterschied zwischen den beiden Vorstellungen, der bildhaften und der pantomimischen, erkennen? Bei den meisten Menschen ist es so, dass im ersten Teil des Experiments, bei der bildhaften Imagination, die Päckchen-Szene einem auf eine Leinwand projizierten Bild gleicht. Dabei sahen Sie sich selbst mit großer Wahrscheinlichkeit von außen als eine Person, die das Päckchen öffnete und das Armband herausnahm. Die zweite Szene war vermutlich realistischer und die Erfahrung lebendiger. Das kommt daher, dass sich die Vorstellung in Ihre unmittelbare physische Umgebung einfügte. Was die Qualität der Erfahrung angeht, war sie ganz anders als die erste.

Bildhafte Imagination eignet sich gut für das Zurückholen von Erinnerungen, zur Förderung der Kreativität, zur Entwicklung neuer Ideen, zur Projektplanung, für Meditationen, vor allem aber auch zur Erreichung Ihrer Ziele und zur Schaffung Ihres idealen, traumhaft schönen Lebens.

Pantomimische Imagination eignet sich, wenn Sie Fortschritte in Ihrer Persönlichkeitsentwicklung, Ihrem Können, Ihren Beziehungen und in Ihrem Gesundheitszustand erreichen wollen. Schauspieler nutzen sie, um »glaubhafte Charaktere« darzustellen, auch Geschäftsleute und Politiker bereiten sich mit ihrer Hilfe auf Reden und Konferenzen vor. Viele erfolgreiche Sportler verwenden die pantomimische Imagination, um sich geistig vorzubereiten und ihren Körper »vorzutrainieren« für bevorstehende Wettkämpfe.

Interessant ist ein Experiment mit vier verschiedenen Baseball-Mannschaften.

- Die erste Baseball-Mannschaft trainierte normal.
- Die zweite Baseball-Mannschaft trainierte mit einem sportlichen Intensivprogramm.
- Die dritte Baseball-Mannschaft trainierte überhaupt nicht.
- Die vierte Baseball-Mannschaft trainierte täglich eine halbe Stunde rein mental mit Imaginationstechniken.

Ergebnis: Die rein mental trainierte Mannschaft schnitt am besten ab. Machen Sie sich bewusst, Sie können nur das empfangen, was Sie im Geist schon als zu sich gehörend sehen. Indem Sie den erwünschten Endzustand sehen, schaffen Sie ihn geistig. Mit Hilfe des Mental-Trainings lassen Sie in Erscheinung treten, was Sie geistig geschaffen haben. Das mag Gesundheit, ein neuer Partner, ein Berufswechsel oder spirituelle Entwicklung sein. Alle diese vollkommenen Ideen der Schöpfung (Ihrer Schöpfung) treten für Sie in Erscheinung, sobald Sie sie in Ihrem Bewusstsein festhalten. Dazu benötigen Sie zwei Kräfte:

- Einbildungskraft
- Vorstellungskraft

Die Einbildungskraft liefert die Bilder – entweder aus Ihrer Erinnerung oder aus Ihrer Vorstellung.

Die Vorstellungskraft bringt die Bilder auf den geistigen Bildschirm und hält sie dort fest. Je genauer Sie es sich vorstellen und je länger Sie das Bild auf dem geistigen Bildschirm festhalten und in die entsprechende Gefühlswelt eintauchen, desto mehr Energie kann darauf fließen und desto schneller muss es in Erscheinung treten.

Für manche Menschen ist es sehr ungewohnt, sich selbst zu sehen bei einer Imaginationsübung. Sollte dies auch bei Ihnen so sein, dann schauen Sie sich einige Fotos von sich lange an und prägen Sie sich alle Einzelheiten ein. Dann schließen Sie die Augen und sehen Sie dieselben Bilder nun deutlich vor Ihrem geistigen Auge.

Für andere Menschen ist es eine Herausforderung, Farben zu visualisieren. Sie können zwar jedes Bild und jeden Vorgang deutlich vor ihrem geistigen Auge erkennen, aber immer nur schwarzweiß. Hier hat sich folgende Technik bewährt. Sie stellen sich in Gedanken eine weiße Wand vor und streichen die Wand Strich für Strich mit einer Farbe Ihrer Wahl an, bis die Wand ganz in dieser Farbe gestrichen ist. Wiederholen Sie dies, bis Sie zum Schluss die ganze Wand deutlich in dieser Farbe vor sich sehen können. Eine andere Technik besteht darin, sich einen Gegenstand in der angestrebten Farbe vorzustellen und dann diesen Gegenstand langsam näher an Ihre Augen heranzufahren, bis er das ganze Gesichtsfeld ausfüllt und Sie nur noch die gewünschte Farbe vor sich sehen.

Das Geheimnis erfolgreicher Visualisierung oder Imagination ist Übung, Übung, Übung. Je öfter und je selbstverständlicher Sie diese Technik nutzen, desto sicherer gebrauchen Sie dieses wertvolle Werkzeug. Darum lade ich Sie gleich zu einer weiteren Übung ein:

Sie können für die Übung die Augen schließen oder sie auf eine leere Fläche, zum Beispiel eine Wand, richten. Stellen Sie sich einen Baum auf einem freien Feld vor. Sie sind eingeladen, die Szene mit so vielen Details wie Sie mögen auszuschmücken.

Sobald Sie ein klares und deutliches Bild haben, beginnen Sie, Änderungen vorzunehmen. Lassen Sie zum Beispiel einen Ast herunterfallen. Ändern Sie die Farbe der Blätter. Lassen Sie das Gras höher wachsen, fügen Sie Blumen hinzu, Menschen und Tiere. Was immer Sie tun, üben

Sie, bis die Änderungen umgehend Ihrem bloßen Willen gehorchen. Mit jedem Üben lernen Sie besser, Ihre mentalen Bilder und die entsprechenden Gefühle ganz bewusst und leicht zu steuern.

Hier folgt gleich eine weitere Übung:

> Stellen Sie sich vor, Sie befinden sich in einem Raumschiff, das die Erde umkreist. Sie blicken durch ein Fenster hinunter und können unter sich Kontinente und Ozeane erkennen, die teilweise von Wolkenformationen verdeckt sind. Sie sehen braune und grüne Zonen, über dem blauen Ozean wirbeln Wolken, die aussehen wie ein beginnender Hurrikan.
>
> Nun werden Sie der dicken Glasscheibe gewahr, durch die Sie blicken. Sie berühren das Glas mit Ihren Fingern. Sie werden sich auch des Kissens, auf dem Sie sitzen und des Raumanzuges, den Sie tragen, bewusst. Sie hören das Summen und Klicken der Instrumente. Sie riechen den leichten Ozongeruch in der Kapsel. Sie fühlen auch die Aufregung eines solchen Abenteuers hoch über der Erde. Verwenden Sie genügend Zeit darauf, sich wirklich in die Situation hineinzudenken. Ist Ihnen das gelungen? Wenn ja, dann lassen Sie nun die Vorstellung los und widmen Sie Ihre Aufmerksamkeit ein oder zwei Minuten lang Ihrer wirklichen Umgebung, der Zimmereinrichtung oder was Sie gerade umgibt, während Sie diese Zeilen lesen. Vielleicht ist es ja der Blick auf das Meer oder die lebendige Szenerie eines Straßencafés.

Als nächste Übung erinnern Sie sich an irgendein beliebiges Ereignis der vergangenen Woche: eine Begegnung, ein Gespräch, einen Restaurantbesuch oder einen Ausflug. Dann lassen Sie diese Erinnerung los und holen die Raumschifferfahrung zurück. Versuchen Sie nicht, diese zu rekonstruieren. Erinnern Sie sich ganz einfach an sie – so, wie Sie es zuvor mit dem Ereignis der vergangenen Woche getan haben. Nun lassen Sie auch diese Erinnerung los und holen das Ereignis der letzten Woche zurück, anschließend dann noch einmal die Raumschifferfahrung. Erkennen Sie, dass zwischen den beiden Erfahrungen – als Erinnerung – kein wirklicher Unterschied besteht? Es mag sein, dass Sie die eine im Geist etwas lebendiger vor sich sehen als die andere, doch qualitativ sind beide Erinnerungen identisch.

Die Raumschiffübung ist nun unauslöschlich in Ihrem Gedächtnis gespeichert. Sie können Sie jederzeit willentlich abrufen wie jede andere Erfahrung aus Ihrem Leben. Für Ihr Unbewusstes haben Sie eine Reise in einem Raumschiff unternommen. Diese ist nun Teil Ihrer Lebenserfahrung. Das Erstaunliche ist, das Ihr Unbewusstes diese Erfahrung vermutlich sogar als wirklicher betrachtet als manch andere Erfahrung, der Sie kaum Beachtung schenken.

Ihre Imaginationsfähigkeit können Sie auch trainieren, indem Sie geistig Dinge in Ihrer Umgebung hinzufügen. Das können Sie ganz praktisch tun zu Hause, bei der Arbeit, auf Reisen und wo immer Sie gerade einen Augenblick Zeit haben. Gebrauchen Sie Ihre bildhafte Vorstellungskraft, um etwas zu schaffen, das real nicht vorhanden ist. Und haben Sie Spaß dabei!

Hier sind ein paar Anregungen als Inspiration:

- Setzen Sie vor Ihrem geistigen Auge einem Menschen ein Geweih auf den Kopf.
- Platzieren Sie einen Bären auf einen Baum.
- Bringen Sie einen Kaktus zum Blühen.
- Verzieren Sie ein Auto mit einer Schwanzflosse.
- Lassen Sie der Kellnerin in einem Café einen Bart wachsen.
- Streichen Sie ein Haus in einer anderen Farbe.
- Ziehen Sie Ihrem Gegenüber andere Kleidung an.

Je sicherer Sie in der bildhaften Imagination werden, um so präziser können Sie auch Ihrem »inneren Kameramann« sagen, welche inneren Bilder er festhalten soll. Denn es sind die inneren Bilder, die Ihr Leben bestimmen und als Ereignis oder Schicksal im Außen in Erscheinung treten.

Es gibt drei Arten von inneren Bildern:

- **Aktive Bilder:** Das sind alle Bilder, die Ihr Leben derzeit – bewusst oder unbewusst – bestimmen.
- **Latente Bilder:** Das sind Bilder, die tief im Unterbewusstsein vergraben sind, Bilder, die Sie unbewusst aufgenommen oder vergessen (verdrängt) haben. Sie ruhen still in Ihnen, bis eine spezielle Situation (Auslöser) sie aktiviert.

- **Erwünschte Bilder:** Das sind Bilder, die für Ihr Leben hilfreich und sinnvoll sind, die aufbauen und die Entwicklung Ihrer Persönlichkeit fördern – die aber oft nicht vorhanden sind. Diese Bilder dürfen Sie bewusst erschaffen durch Imagination, damit Sie ein erfülltes Leben führen.

Bei den aktiven und latenten Bildern sind Sie eingeladen, regelmäßig hinzuschauen, ob diese Bilder noch erwünscht oder überholt sind. Denn auch unerwünschte Bilder werden verwirklicht. Dieser Vorgang gleicht dem Malen eines Bildes, das ein Maler »in sich sieht«. Das Leben macht es genauso. Es schafft die Lebensumstände, die Sie als inneres Bild sehen.

Zur Imagination Ihres gewünschten Endzustandes können Sie auch einen richtigen kleinen Film drehen oder ein Theaterstück – und Sie spielen die Hauptrolle. Mit der Imaginationstechnik des Filmes oder Theaterstücks kommen zu den Bildern auch noch der Ton und das Gefühl sowie weitere Sinne dazu. Damit nutzen Sie alle sinnlichen Kanäle und potenzieren so die Wirkung:

- **Visueller Kanal:** Sie sehen vor Ihrem geistigen Auge das Bild, beobachten jede Bewegung, jede Handlung, Ihre Körperhaltung, Ihre Mimik, Ihre Ausstrahlung, Ihre Selbstsicherheit, Ihr Charisma. Sie können nach Bedarf weitere Mitspieler hinzufügen. Beobachten Sie, was in der Begegnung mit Ihnen geschieht, wie sich die Szene entwickelt, wie man Ihnen Wertschätzung zeigt, Sie lobt, anerkennt, feiert.
- **Auditiver Kanal:** Jetzt kommt zu den Bildern der Ton ins

Spiel. Hören Sie, was Sie in Ihrem Film/Theaterstück sagen, wie Sie sich ausdrücken, was Ihre Worte bei den anderen Mitspielern bewirken. Hören Sie, wie kraftvoll und selbstsicher Ihre Stimme klingt, wie man Ihnen das Gewünschte zusichert, wie sich alles für Sie zum Guten wendet.

- **Kinästhetischer Kanal:** Zu den Bildern und zum Ton fügt sich nun die körperliche Empfindung. Achten Sie beim Betrachten Ihres Films oder Theaterstücks darauf, wie Sie sich fühlen: leicht und locker? Glücklich? Befreit? Kraftvoll? Was fühlen Sie in Ihrem Herz? Was in Ihrem Bauch?
- **Weitere Sinneskanäle:** Sie dürfen nun auch riechen und schmecken. Welcher Geruch steigt Ihnen in die Nase beim Betrachten Ihres Filmes? Können Sie vielleicht auch etwas auf Ihrer Zunge schmecken? An was erinnern Sie diese Wahrnehmungen?

Nun folgt die praktische Anwendung von Imagination ganz konkret für eine Situation in Ihrem Leben. Was ist Ihr Wunsch? Sie möchten abnehmen? Visualisieren Sie den gewünschten Endzustand – Sie selbst mit schlanker Figur –, und aktivieren Sie dabei alle Sinne. Um das Bild zu verinnerlichen, nehmen Sie ein früheres Foto von sich, das Sie dünn zeigt. Existiert ein solches Foto nicht, dann wählen Sie ein aktuelles Foto von sich und malen Sie einfach mit einem dicken Filzstift die überflüssigen Pfunde weg.

Dann stellen Sie sich vor Ihrem geistigen Auge ganz lebendig Ihren persönlichen Film vor. Sehen Sie, wie Sie eine alte Hose anziehen, die Ihnen schon lange nicht mehr gepasst hat. Fühlen Sie nun, wie die Hose ganz locker sitzt und Sie sich frei bewegen können. Verbinden Sie diese Vorstellung mit einem starken Gefühl der Freude und der tiefen Erleichterung. Hören Sie in Ihrer Imagination, wie Sie von allen Seiten Komplimente erhalten, wie man Sie lobt wegen Ihrer großen Erfolge beim Abnehmen, wegen Ihrer Ausdauer, Konsequenz und Ihrer guten Figur. Schmecken Sie intensiv die Speisen, die Sie beim Abnehmen bevorzugen wollen und bejahen Sie freudig das gesunde Essen, das Ihrem Körper eine gute Figur und vor allem auch Gesundheit schenkt. Danken Sie Ihrem Unterbewusstsein für seine Hilfe bei der Verwirklichung des erwünschten Endzustandes und geben Sie ihm auch genaue Anweisungen, wie es Ihnen auch in Zukunft behilflich sein kann, Ihre Ziele sicher zu erreichen.

# 8. Meditationen

Meditation ist ein weiteres wichtiges Werkzeug des Mental-Trainings und der Selbstbestimmung. Meditation ist ein Zustand der gelösten Wachheit. Sie führt Sie nach innen in Ihre Mitte und hilft Ihnen, mit Ihrem inneren Meister in Kontakt zu kommen. Wenn Sie diesen Weg gehen, kommen Sie ins *Hier* und *Jetzt*, kommen Sie zu sich *Selbst*. In der Meditation sind Sie nicht außer sich, wie es leicht im Alltag geschehen kann, sondern ganz bei sich – bei Bewusst*sein*. Sie nehmen wahr, was ist und werden eins mit dem, was ist. Anspannung, Stress und Hektik fallen ab. Sie spüren Ruhe und Frieden. Glücks- und Wohlgefühle breiten sich in Ihrem Körper aus.

Folgende Elemente gehören zur Meditation:

- Gerichtete Achtsamkeit und Gewahrsein dessen, was jetzt gerade ist
- Konzentration auf alles und nichts. Wahrnehmung des Vorhandenen
- Bewusstes und ruhiges Verweilen in der eigenen Mitte im Hier und Jetzt, jenseits des Verstandes
- Geschehenlassen
- Absichtslosigkeit
- Offenheit, Wachheit, Gelöstheit
- Disziplin (regelmäßiges Üben)
- Hingabe (Vertrauen in die Meditation und ihre Wirkung)

Es gibt verschiedene Meditationstechniken und Meditationspraktiken. Das Spektrum reicht von Traumreisen über Visualisierungsübungen bis zu Dynamischer Meditation, Zen-Meditation und Mantra-Meditation. Meditation ist einfach zu lernen. Wenn es für Sie leichter ist, meditieren Sie mit einer Meditations-CD. Empfehlenswert ist es, Meditation als tägliche Praxis in Ihr Leben einzubauen. Lassen Sie sich angenehm überraschen, wie viel gelassener und kraftvoller Sie dadurch Ihren Alltag meistern.

Nachfolgend lernen Sie eine einfache Entspannungsmeditation kennen.

Wann immer Sie meditieren und zu Ihrem geistigen Kraftort gehen möchten, setzen oder legen Sie sich zuerst ganz bequem hin. Sorgen Sie dafür, dass Sie ganz ungestört sind für die nächsten 20 Minuten. Wenn Sie mögen, sorgen Sie für eine behagliche Atmosphäre durch eine schöne Kerze oder eine wohlriechende Aroma-Duftlampe.

Ablauf der Meditation:

- Bereiten Sie sich so vor, dass Sie sich wohlfühlen.
- Ziehen Sie Ihre Schuhe aus, öffnen Sie enge Kleidung und entspannen Sie sich völlig.
- Atmen Sie ruhig, gleichmäßig und tief und schließen Sie die Augen. Die Augen bleiben während der gesamten Übung geschlossen.
- Lassen Sie den Alltag bewusst außen vor. Gehen Sie ganz in der Übung auf. Diese Zeit der Meditation gehört Ihnen ganz alleine. Genießen Sie sie.
- In Gedanken zählen Sie nachfolgend von sieben bis eins und visualisieren dabei die folgenden Farben.

### 7 – Rot
- Atmen Sie tief ein. Und während Sie ausatmen, stellen Sie sich die Zahl Sieben und die Farbe Rot vor.
- Entspannen Sie dabei Ihren Kopf – zunächst die Kopfhaut, die Stirn und dann die Augenbrauen.
- Nun auch die Ohren, das Kinn. Und lassen Sie auch die kleinen Muskeln um die Augen und den Mund locker – lassen Sie diese los und spüren Sie, wie Ihr ganzer Kopf und Ihr Gesicht sich entspannen.

### 6 – Orange

- Atmen Sie dann wieder tief ein. Und während Sie ausatmen, stellen Sie sich die Zahl Sechs und die Farbe Orange vor.
- Entspannen Sie dabei Ihren Oberkörper – lassen Sie Ihre Schultern, Ihre Arme fallen und entspannen Sie dann Ihr Herz, Ihre Lungen und das Zwerchfell.
- Spüren Sie, wie Ihr ganzer Oberkörper sich entspannt und völlig locker wird.

### 5 – Gelb

- Atmen Sie wieder tief ein. Und während Sie ausatmen, stellen Sie sich die Zahl Fünf und die Farbe Gelb vor.
- Entspannen Sie dabei Ihren Bauch und die Beine bis zu den Füßen. Spüren Sie ganz deutlich, wie sich Ihr Bauch und Ihre Beine entspannen und sich alle Muskeln lockern.
- Ihr Körper ist nun völlig entspannt, alle Muskeln sind locker, und Ihre Nerven sind völlig gelöst.

### 4 – Grün

- Atmen Sie wieder ganz tief ein. Und während Sie ausatmen, stellen Sie sich die Zahl Vier und die Farbe Grün vor.
- Entspannen Sie nun auch Ihren Geist – versuchen Sie aber nicht, Ihre Gedanken zu verdrängen. Lassen Sie diese kommen, aber hängen Sie ihnen nicht nach, sondern lassen Sie sie vorüberziehen und verwehen.

### 3 – Blau

- Atmen Sie wieder ganz tief ein. Und während Sie ausatmen, stellen Sie sich die Zahl Drei und die Farbe Blau vor.
- Spüren Sie, wie sich Ihr Geist mehr und mehr entspannt, wie die Gedanken verwehen, und wie Sie geistig immer ruhiger und ruhiger werden.

### 2 – Lila

- Atmen Sie wieder ganz tief ein. Und während Sie ausatmen, stellen Sie sich die Zahl Zwei und die Farbe Lila vor.
- Ihr Geist wird nun absolut ruhig. Es kommen nun keine neuen Gedanken mehr. Sie spüren eine wunderbare Stille in sich.

### 1 – Violett

- Atmen Sie wieder ganz tief ein. Und während Sie ausatmen, stellen Sie sich die Zahl Eins und die Farbe Violett vor.
- Während Sie dieses Violett vor Ihrem geistigen Auge sehen, spüren Sie in sich die absolute Stille, Sie geben sich ganz diesem wunderbaren Gefühl der absoluten Stille hin.

Die Stille und Ihr Ich:

- Sie sind nun im Innersten Ihres Wesens. Die absolute Stille erfasst Ihr ganzes Ich und füllt es völlig aus.
- Sie selbst werden zu dieser absoluten Stille. Sie spüren, wie Sie sich in dieser wunderbaren Stille geistig und körperlich erholen und neue Kraft schöpfen.

- Gehen Sie nun aus dieser Stille an Ihren geistigen Entspannungsort, Ihren Ort der Kraft.
- Zählen Sie bis drei und versetzen Sie sich an Ihren geistigen Entspannungsort – das kann ein blühender Garten sein, ein einsamer Strand oder eine Hütte in den Bergen.
- Spüren Sie alles ganz genau: den Boden unter Ihren Füßen, die Wärme, hören Sie aufmerksam die Geräusche – erfassen Sie Ihren idealen Entspannungsort mit allen Sinnen.
- Nun kehren Sie zurück in Ihren Alltag. Zählen Sie langsam von eins bis sieben.
- Bei sieben öffnen Sie die Augen, räkeln und strecken sich, Sie sind hellwach, bei bester Gesundheit und in völliger Harmonie mit dem Leben.
- Spüren Sie noch einmal nach, wie sich dieser tiefe innere Frieden und diese heitere Gelassenheit anfühlen, und nehmen Sie dieses gute Gefühl als Begleiter mit.

Die nachhaltigsten Wirkungsweisen erleben Sie nach den Meditationen, wenn Sie sich dann auf Ihr »Stimmig-sein« zentrieren. Immer, wenn Sie das Verlangen haben, können Sie mit dieser Meditation die Reise zu Ihrem idealen Entspannungsort antreten. Sie erholen sich dort von der Hetze und Anspannung unserer Zeit und tauchen ein in eine Insel des Friedens und der Kraft.

Die Bedeutung der Farben im Mental-Training:

**Rot**

Die Farbe der vitalen Kraft, der Emotionalität, des Durchsetzungsvermögens, der Erregung, der Leidenschaft und der Liebe.

**Orange**

Die Farbe des Selbstbewusstseins und der kreativen Ausdruckskraft, der Wärme und der Strebsamkeit, der Kraft und des Tatendrangs.

**Gelb**

Die Farbe des Denkens und der Empfindsamkeit, des Verstandes, des Ideenreichtums, der Ideale, der Veränderung, des Wunsches nach Befreiung, der Hoffnung und der Glückserwartung.

**Grün**

Die Farbe der Innerlichkeit, des Friedens, der Anpassungsfähigkeit und inneren Ausgewogenheit, der Beschaulichkeit und der Empfindsamkeit, der Aufgeschlossenheit und heiteren Gelöstheit.

**Blau**

Die Farbe der Ruhe und Erholung, der Stille und Treue, der Tiefe und Schwere, der Selbstlosigkeit, der Hingabe und Geistigkeit.

**Lila**

Die Farbe des Glaubens und der Versenkung, der Geborgenheit und der stillen Daseinsfreude, des sozialen Denkens und Handelns, der Humanität und der Nächstenliebe, der Ehrlichkeit, Aufrichtigkeit und Gerechtigkeit.

**Violett**
Die Farbe des Dienens und der Selbstaufopferung, der Entsagung und tiefen Religiosität, der Mystik, der Ideale, der Erkenntnis und Vollkommenheit, der Geistigkeit und der Erlösung.

Durch die bildhafte Vorstellung der Farben in dieser Reihenfolge ändert sich die Gehirnstromfrequenz vom normalen Alltagszustand, den Betawellen (14–30 Hertz,) in den Alpha-Zustand und noch tiefer, dem Zustand tiefster Entspannung (8–13 Hertz).

Zur wohltuenden Entspannung und zugleich zu Bewusst-*sein* führt auch diese Mentaltrainings-Meditation:

Ich mache es mir nun einmal ganz bequem. Ich schließe meine Augen und lasse einfach los. Ich fühle mich wohl und bin ganz gelöst. Ich mache mir bewusst, wer ich wirklich bin. Ich bin nicht der Körper. Ich bin vollkommenes, unsterbliches Bewusstsein. Ich bin ein Teil des einen, allumfassenden Bewusstseins. Ich war immer und werde immer sein, denn *ich bin*.
Der Körper aber ist mein Werkzeug, das mir dient und gehorcht. So erfülle ich meinen Körper ganz mit Bewusstsein. Ich erfülle jede Zelle meines Körpers mit Bewusstsein, kontrolliere jede Bewegung und gestatte meinem

Körper, jetzt vollkommen bewegungslos zu sein. Ich beherrsche meinen Körper.

Aber ich beherrsche nicht nur meinen Körper, ich beherrsche auch meine Gedanken. Und so konzentriere ich die Vielfalt meiner Gedanken jetzt auf einen Punkt. Ich beobachte meinen Atem. Nichts verändern, nur beobachten. Und während ich meinen Atem beobachte, lasse ich ihn behutsam tiefer und tiefer werden. Ich atme ganz ruhig und tief, ruhig und tief! Ich erlebe ganz bewusst: *Es* atmet mich. Es ist das Leben selbst, das mich atmen lässt, und ich fühle mich ganz geborgen durch das Leben in mir, das mich atmet. Ich spüre ganz bewusst, wie der Atem meinen ganzen Körper durchdringt und erfüllt. Ich bin eins mit dem Atem und fühle mich ganz wohl. Ich bin ruhig und gelöst und dankbar, dass ich lebe!

Ich bin ganz erfüllt von Frieden und Harmonie. Ich ruhe in der Einheit der Schöpfung. Ich bin eins mit der allumfassenden Ordnung. Eine wunderbare Stille durchdringt mein ganzes Wesen. Ich bin geborgen in mir und fühle mich ganz wohl. Mit jedem Atemzug sinke ich tiefer und tiefer in mich hinein. Ich sinke immer tiefer in mich hinein, leicht wie eine Feder sinke ich immer tiefer in mich hinein. Ich sinke in die Mitte meines wahren Wesens. Ich ruhe in mir, bin eins mit mir und der Welt und ruhe in der Mitte meines wahren Wesens. In der Mitte erkenne ich ein Licht und gehe nun einmal hinein in dieses Licht. Ich gehe hinein, in die lichte Welt in mir. In meiner lichten Innenwelt erkenne ich jetzt vor mir einen wunderschönen Regenbogen, immer klarer und deutlicher sehe ich diesen Regenbogen vor mir. Die Farben des Regenbogens werden immer klarer und leuchtender.

Jetzt richte ich mein Bewusstsein ganz auf die Farbe *Rot*. Ich gehe ganz hinein in dieses *Rot*, alles ist *rot*. Ich bin ganz erfüllt von der Farbe *Rot*!

Jetzt sinke ich tiefer und sinke in die Farbe *Orange*, alles ist *orange*. Ich bin ganz erfüllt von der Farbe *Orange*!

Ich sinke jetzt tiefer und sinke in die Farbe *Gelb*, alles ist *gelb*. Ich bin ganz erfüllt von der Farbe *Gelb*!

Ich sinke jetzt noch tiefer und sinke in die Farbe *Grün*, alles ist *grün*. Ich bin ganz erfüllt von der Farbe *Grün*!

Ich sinke jetzt noch tiefer und sinke in die Farbe *Blau*, alles ist *blau*. Ich bin ganz erfüllt von der Farbe *Blau*!

Ich sinke jetzt noch tiefer und sinke in die Farbe *Lila*, alles ist *lila*. Ich bin ganz erfüllt von der Farbe *Lila*.

Ich sinke jetzt noch tiefer und sinke in die Farbe *Violett*, alles ist *violett*. Ich bin ganz erfüllt von der Farbe *Violett*!

Alles ist ruhig – ruhig und still, ein wunderbares Wohlgefühl durchströmt meinen Körper. Ganz bewusst spüre ich diese wunderbare Ruhe und den Frieden in mir.

Vor mir sehe ich ein strahlendes Licht, und ich erkenne das Licht meines *wahren Selbstes*. Voller Freude gehe ich hinein in das Licht meines *wahren Selbstes*, werde eins mit mir selbst. Bin eins mit mir selbst. Bin wieder der, der ich wirklich bin! In dieser Einheit mit mir selbst erkenne ich vor mir in meiner lichten Innenwelt eine Wiese und ganz leicht und froh gehe ich hin zu dieser Wiese, ich gehe auf diese Wiese und nehme die Wiese mit allen Sinnen wahr. Ich spüre ganz deutlich das Gras unter meinen Füßen und rieche den Duft der Blumen. Ich höre die Vögel zwitschern und das Rauschen des Windes in den Bäumen. Ich nehme alles ganz bewusst wahr. Ich spüre die warme Sonne auf meiner Haut und den sanften Wind in meinen Haaren. Ich höre das Summen der Bienen und atme die reine Luft. Ich fühle mich ganz wohl.

Ganz in der Nähe sehe ich ein Gewässer und gehe jetzt dorthin. Das Wasser ist ganz klar und rein. Ich knie mich hin und trinke aus meiner Hand das reine, erfrischende Wasser. Ich spüre, wie das Wasser mich reinigt und klärt. Ich fühle mich frei und wohl, ziehe mich aus und gehe ganz hinein in dieses Wasser. Bewusst genieße ich das wohltuende Bad. Ich tauche ganz ein und fühle, wie ich gesund und rein werde. Das Wasser verjüngt und klärt mein ganzes Sein. Ich bin eins mit dem Wasser, und ich fühle mich frei und geborgen. Bewusst spüre ich noch einmal die wohltuende Wirkung dieses Bades und gehe dann erfrischt und gereinigt aus dem Wasser.

Ich trockne mich ab und kleide mich in ein neues Gewand innerer Ruhe und Harmonie. Ich spüre, wie dieses wunderbare Gefühl der Ruhe und Harmonie mein ganzes Sein erfüllt. Mit geklärtem Bewusstsein schaue ich mich jetzt einmal um und sehe ganz in der Nähe einen Berg. Ich gehe nun einmal hin zu diesem Berg. Am Fuß des Berges erkenne ich einen Weg. Ganz ruhig und gelassen gehe ich jetzt auf diesem Weg hinauf auf den Berg. Immer weiter und höher führt mich der Weg hinauf auf den Berg, und mit jedem Schritt erhebt sich mein Bewusstsein. Mit jedem Schritt mehr und mehr. Ganz nah erkenne ich jetzt den Gipfel des Berges im Licht vor mir und gehe ganz bewusst die letzten Schritte, hinein ins Licht.

Endlich bin ich auf dem Gipfel des Berges im Licht angekommen, breite die Arme aus und öffne mich ganz diesem strahlenden Licht. Ich spüre, wie das strahlende Licht mein ganzes Sein durchdringt und erfüllt. In diesem strahlenden Licht leuchtet auch das Licht in mir hell auf – das Licht meines wahren Selbstes. Das Licht meines wahren Selbstes leuchtet hell auf und wird eins mit dem kosmischen Licht. Beide Lichter verschmelzen zu einem Licht. Ich bin ganz bewusst eins mit dem Licht.

In dieser Einheit mit dem Licht öffnet sich mein Bewusstsein ganz weit. Mein Bewusstsein öffnet sich ganz weit, und ich spüre, wie höchstes Bewusstsein mein ganzes Sein durchdringt. Höchstes Bewusstsein durchdringt und erfüllt mein ganzes Sein. Ich bin eins mit dem höchsten Bewusstsein. In dieser Einheit mit dem Licht, eins mit dem höchsten Bewusstsein, erinnere ich mich an meinen Wunsch und mein Ziel. Ich sehe das Bild des »erwünschten Endzustandes« ganz deutlich vor mir und wiederhole die vorbereiteten Worte. Dabei spüre ich ein starkes Gefühl der Freude und Dankbarkeit in mir. Ich setze so ganz bewusst eine Ursache in meinem Leben und weiß, dass die entsprechende Wirkung in meinem Leben bald in Erscheinung treten muss, und dafür bin ich dankbar.

Ich wiederhole die vorbereiteten Worte, sehe das Bild des erwünschten Endzustandes ganz deutlich vor mir und spüre in mir ein starkes Gefühl der Freude und Dankbarkeit. Ich setze damit im »schöpferischen Bewusstsein« eine Ursache in meinem Leben und fühle mich wert, Erfüllung *jetzt* zu empfangen.

Während ich immer wieder die vorbereiteten Worte wiederhole und das Bild des erwünschten Endzustandes immer deutlicher vor mir sehe, spüre ich in mir ein starkes Gefühl der Freude und Dankbarkeit, denn ich weiß, dass *jetzt* die Ursache gesetzt ist und die erwünschte Wirkung in meinem Leben bald in Erscheinung tritt – und dafür bin ich dankbar, ich bin aus tiefstem Herzen froh und dankbar.

Von nun an liegt es in meiner Hand, mein Schicksal selbst zu gestalten. Ganz bewusst trete ich mein geistiges Erbe an und setze meine Fähigkeiten und Kräfte gezielt ein, um mein Leben zu gestalten.

Noch einmal sehe ich den erwünschten Endzustand ganz deutlich vor mir, wiederhole die vorbereiteten Worte und spüre in mir ein starkes Gefühl der Freude und Dankbarkeit, denn ich weiß, dass mein Wunsch jetzt schon erfüllt ist und bald in meinem Leben in Erscheinung tritt und dafür bin ich dankbar.

Dann löse ich mich aus dem Erlebnis und kehre wieder zurück an die Oberfläche des Seins, zurück ins Hier und Jetzt. Wann immer ich bereit bin, öffne ich meine Augen und bin wieder ganz bewusst im Hier und Jetzt. Ich bin wieder ganz bewusst im Hier und Jetzt! Aber ich weiß, dass mein Wunsch bereits erfüllt ist, und dafür bin ich dankbar. Ich bin aus tiefstem Herzen froh und dankbar!

## 9. Erwecken der Herz-Intelligenz

Der Gedanke, mit dem Herzen zu denken und mit dem Kopf zu fühlen, stammt aus Mária Szepes Roman »Der rote Löwe«. Wie soll das gehen? Das klingt paradox. Aber genau darum geht es beim Erwecken der Herz-Intelligenz. Sie überschreiten dabei die Grenzen, die Sie sich selbst gesetzt haben. In der herkömmlichen Welt geht man davon aus, dass der Kopf alleine für das vernünftige Denken, das Herz aber für Gefühle zuständig ist. Was geschieht, wenn die Rollen vertauscht werden? Oder noch besser: Wenn sowohl der Kopf als auch das Herz in der Lage sind, die jeweiligen Qualitäten des anderen ebenfalls in sich zu tragen und zur Wirkung zu bringen?

Das Herz ist das Herz aller Dinge. In unserem Herzen sitzt die höchste Weisheit. Es ist zugleich der heißeste Punkt in unserem ganzen Körper. Die Kerntemperatur liegt dort höher als in anderen Bereichen. Das Herz ist ein sensibles Organ. Steht es länger als acht Minuten still, bedeutet die damit verbundene Unterversorgung mit Sauerstoff, insbesondere des Gehirns, einen lebensbedrohlichen Zustand.

In unserem Herzen fokussiert sich aber nicht nur auf körperlicher Ebene Wesentliches. Vom spirituellen Herz aus wird alles beseelt und aufgeladen. Das geschieht durch die Liebe. Wenn Sie mit Ihrer Herz-Intelligenz verbunden sind, dann wirken Herz, Hand und Verstand im Gleichklang. Jeder Gedanke, jedes Wort, jede Handlung ist dann von Liebe getragen. Liebe und Licht wiederum sind ein Ausdruck der *einen Kraft*.

In dem Klassiker *Der kleine Prinz* von Antoine de Saint-Exupéry, heißt es: »Man sieht nur mit dem Herzen gut.« Lernen Sie, mit dem Herz zu sehen, mit dem Herz zu fühlen, mit dem Herz zu denken, in Ihrem Herz zu *sein*. Ihr Gegenüber spürt immer sehr genau, auf welcher Ebene Sie sind und von wo aus Sie mit dem anderen in Kontakt kommen:

- Nehmen Sie andere Menschen auf der Verstandesebene wahr?
- Oder begegnen Sie einem anderen Menschen auf der Herzensebene?
- Sprechen Sie den Kopfmenschen an oder den Herzmenschen?

Es antwortet Ihnen dasjenige in Ihrem Gegenüber, das Sie ansprechen.

Wenn Sie einem anderen mit offenem Herzen begegnen und diese Liebe strömen lassen, dann wird der andere berührt und dadurch ebenfalls sein Herz öffnen.

Erwecken Sie nun bewusst Ihre Herz-Intelligenz. Dazu ist es gut, wenn Sie mit Ihrem spirituellen Herz in Kontakt kommen. Dabei hilft Ihnen folgende Übung:

- Gehen Sie an einen ruhigen Ort und schließen Sie die Augen.
- In der Stille nehmen Sie Ihren Atem wahr. Verweilen Sie bei Ihrem Atem: einatmen und ausatmen. Nichts verändern, nichts wollen. Einfach geschehen lassen. *Es* atmet Sie.

- Nun richten Sie Ihre Aufmerksamkeit auf die Mitte Ihres Brustbeins. Spüren Sie ganz intensiv dort hinein.
- Fühlen Sie Ihr Herz. Seine Wärme. Seine Lebendigkeit. Seine Ruhe. Seine Kraft. Seine unendliche Liebe.
- Nun richten Sie aus der Mitte Ihres Herzens Ihre Aufmerksamkeit einmal auf einen geliebten Menschen und senden ihm Ihre ganze Liebe.
- In einem weiteren Schritt weiten Sie diese Herzensliebe aus und schenken Sie sie der ganzen Welt. Damit wirken Sie als Liebes- und Segensbringer zum Wohle des Ganzen.

Das Ziel ist, dauerhaft »online« mit Ihrer Herz-Intelligenz zu sein.

Je mehr Sie mit Ihrer Herz-Intelligenz verbunden sind und von diesem Ort aus denken, fühlen, reden und handeln, umso licht- und liebevoller wird Ihr gesamtes Wirken in der Welt.

## 10. Intuitions-Techniken

Die intensive Arbeit mit dem Mental-Training führt Sie auf diese Stufe, die Stufe der Meisterschaft. Nun betreten Sie eine neue Wirklichkeitsebene. Auf dieser Stufe des Mental-Trainings verlassen Sie den Verstand, das bewusste Denken. Auf dieser Ebene befinden Sie sich jenseits der Gedanken-kontrolle. Es ist der Bereich der Intuition. Dort hat der Zensor Verstand keinen Zugriff. Intuition ist das Nicht-Erkennbare, das gleichwohl wahrgenommen und zur Meisterung des Lebens genutzt werden kann. Der Sitz der Wahrnehmungsebene für Intuition ist genau über Ihrem Kopf angesiedelt. Wenn Sie in Kontakt mit Ihrer Intuition kommen möchten, dann verlagern Sie Ihren Wahrnehmungsfokus über Ihren Kopf hinaus und fahren Ihre »intuitiven Antennen« aus. Mit diesen Antennen können Sie intuitiv Gedanken, Informationen und Ideen aufnehmen. Intuition geschieht, wenn Körper, Geist und Seele im Gleichklang sind. Dann öffnet sich ganz automatisch dieser andere Zugangskanal zur höheren Weisheit. Denn Intuition ist nicht (Kopf-) Wissen, sondern das ganz gewisse Wissen. Wenn sich dieser Zugangskanal öffnet, Ihr Fokus auf das Wahrnehmungszentrum über Ihrem Kopf gerichtet ist und Ihre feinen Antennen ausgefahren sind, befinden Sie sich automatisch in einem anderen Bewusstseinszustand: im Alphazustand. Durch die tiefere Gehirnwellenfrequenz ist Ihre Empfangsbereitschaft auf einen ganz anderen, hellwachen Modus geschaltet.

In diesem Zustand des intuitiven Gewahrseins agieren Sie auf einer anderen Wirklichkeitsebene. Zeit und Raum spielen dort keine Rolle. Alles geschieht gleichzeitig. So ahnen Sie im Voraus, was geschieht, Sie »wissen« genau, wann Sie wo sein müssen, was das Richtige ist, was Sie sagen oder tun dürfen.

Sie sind *eins* mit allem und haben so auch Zugang zu allem. Am besten ist es, wenn Sie dauerhaft mit Ihrem Wahrnehmungszentrum und Ihrer Intuition verbunden sind. Dann geschieht automatisch immer das Richtige im Hier und Jetzt, in der Zukunft, in der Begegnung mit anderen, in Ihrer Zielfindung, in Ihren Entscheidungen, in Ihrem Denken, Reden und Handeln. Auf dieser Stufe der Meisterschaft fühlen Sie sich verbunden mit allem, was da ist und eins mit dem Leben. Sie vertrauen dem Leben und sind *ein*verstanden (= Sie sind *eins* mit allem, weil Sie das Leben und die Wirkung der *einen Kraft* verstanden haben).

So können Sie auch alles, was geschieht, annehmen in der Selbstverantwortung, dass Sie es genau so verursacht haben, und dass das Leben Ihnen genau das Richtige nun zur richtigen Zeit als Wirkung zurückbringt, um Sie auf Ihrem Erkenntnisweg einen Schritt weiterzuführen. Zugleich wissen Sie, dass Sie jederzeit andere Ursachen setzen können, um eine andere Wirkung als Realität in Ihr Leben zu rufen.

## 11. Kreativitätstechniken

Im Zustand höchster Kreativität sind Sie schöpferisch tätig. Kreieren heißt bewusst gestalten. Immer, wenn Sie vor Ihrem geistigen Auge ein Bild sehen und den erwünschten Zustand lebendig gestalten, setzen Sie eine Ursache für das, was als Ereignis/Ziel/Erfolg in Ihrem Leben in Erscheinung tritt. Sie können Ihre Wunschbiographie schreiben oder Ihr traumhaftes Leben als Theaterstück entwerfen. Legen Sie Ihrer Phantasie keine Zügel an. Sie dürfen sich alles wünschen so, wie es für Sie stimmig ist.

Sie können Ihr Leben schöpferisch kreativ gestalten, mit inneren Bildern und Filmen. Noch kraftvoller ist die ergänzende Umsetzung in eine Wunsch- oder Zielcollage. So haben Sie den ganzen Tag Ihr neues Leben, den gewünschten Endzustand vor Augen: zum einen als inneren Film, zum anderen als konkretes Bild in Ihrer Wohnung. Eine Wunschcollage entsteht, indem Sie aus einem Stapel Zeitschriften die Bilder und Schlagzeilen ausschneiden, die Ihren Traum von einem erfüllten Leben optimal ausdrücken. Kleben Sie nun diese Bilder und Texte auf ein großes Blatt oder ein Stück Tapetenrolle und hängen es an die Wand in Ihrem Schlafzimmer oder in Ihrem Büro.

Erfüllen Sie dieses Bild des erwünschten Endzustandes mit einem starken Gefühl der Freude und Dankbarkeit und bejahen das Ganze ganz bewusst. Dies machen Sie jedes Mal, sobald Ihr Blick darauf fällt. Ihre Vorstellungsbilder nehmen so Gestalt an: Mit einer Collage lenken Sie Ihre Aufmerksamkeit auf Ihre Ziele. Sobald Sie einige Minuten pro Tag mit der Wunschcollage arbeiten und sie betrachten, merken Sie, wie der Alltag sich löst und Sie von einem angenehmen Gefühl der Freude über Ihr zukünftiges, erfülltes Leben durchströmt werden.

Besonders kraftvoll ist das Ritual, wenn Sie es gemeinsam mit Ihrem Partner und Ihren Kindern tun. So kann der Familientraum vom Haus im Grünen, einer Pferdefarm, einer Weltumrundung mit dem Fahrrad oder einer Trecking-Tour durch die Anden Gestalt annehmen. Wichtig ist, dass Sie sich wert fühlen, all das Schöne auch zu erhalten. Und dass Sie auch wirklich glauben können, dass es geschieht. Ob diese beiden wichtigen Voraussetzungen erfüllt sind, können Sie ganz einfach kinesiologisch mit dem Armmuskeltest überprüfen. Nehmen Sie den »erwünschten Endzustand« in Besitz, indem Sie sich damit identifizieren, als Teil von sich erkennen und annehmen. Lassen Sie dies bewusst geschehen in dem festen Wissen, dass es geschehen ist. Dann lassen Sie es vollkommen los in der festen Gewissheit, dass alles genau so nun in Ihr Leben tritt.

Gebrauchsanweisung für den Armtest, einer Übung aus dem Bereich der Kinesiologie:

- Bitten Sie einen Partner, Ihnen beim Armtest zu helfen.
- Strecken Sie einen Arm seitlich waagerecht aus. Den anderen Arm beugen Sie und legen die Hand auf das Brustbein (über der Thymusdrüse).
- Nun stellen Sie eine Behauptung auf, zum Beispiel: »Ich bin es wert, diesen Erfolg zu erreichen.« Sie bitten nun Ihren Partner, Ihren gestreckten Arm hinunterzudrücken, während Sie Gegendruck leisten.
- Ihr Arm versteht keine Fragen und kennt keine Antworten. So wie die Zeiger einer Uhr auch die Zeit nicht kennen, aber zuverlässig anzeigen, so zeigt Ihr Körper über den Armtest, ob ein Bewusstseinsinhalt mit Ihnen im Einklang ist oder nicht. Je nach Grad der Übereinstimmung stärkt oder schwächt das den Fluss der Kraft. Dies zeigt der Armtest zuverlässig an.
- Glauben Sie – um bei obigem Beispiel zu bleiben –, dass Sie es wert sind, den Erfolg zu erreichen, dann wird der Am stark testen. In diesem Fall gelingt es dem Partner nicht, Ihren Arm herunterzudrücken. Glauben Sie dagegen, dass Sie es nicht wert sind, den Erfolg zu erreichen,

wird Ihr Partner den Arm ganz mühelos nach unten drücken können.

- Sie stehen nie wirklich vor einer Entscheidung. Wenn Sie die Frage im Außen stellen, haben Sie – Ihr *Selbst* – längst entscheiden.

Es beginnt damit, dass Sie lernen, Ihre Gedanken zu disziplinieren und bewusst zu träumen. Mit bewussten Tagträumen, die Sie durch die Wahl Ihrer Gedanken bewusst bestimmen, erschaffen Sie Ihre Zukunft. Tagträume konzentrieren unser kreatives Potenzial auf ein bestimmtes Ziel, einen »erwünschten Endzustand«.

Am Beginn jeder Veränderung im Leben steht Ihr Traum. Er ist wie ein Zauberstab, der jeden Wunsch Wirklichkeit werden lässt. Damit schaffen Sie Ihre Zukunft in Ihrem Bewusstsein. Eine der größten Täuschungen, der der Mensch unterliegt, ist der Glaube, dass es andere Ursachen gibt als seinen Bewusstseinszustand. Alles, was Sie sich jemals wünschen können, ist bereits erschaffen, sonst könnten Sie es gar nicht denken. Sie brauchen es nur im Außen »in Erscheinung treten zu lassen«.

Ein Indikator dafür, ob Sie beim kreativen Wirken wirklich schöpferisch tätig sind und im *Einklang* mit der *einen Kraft* zu Ihrem Wohl und zum Wohl des Ganzen wirken, ist das Herz- und Bauchgefühl. Spüren Sie ganz genau in sich hinein. Fühlt es sich rundum stimmig an? Oder »hakt« es an irgendeiner Stelle? Fühlen Sie sich rundum glücklich, getragen und fließend, so als ob alles ganz mühelos und von selbst geht? Haben Sie das Gefühl, dass Sie die Zeit ganz vergessen und völlig eingetaucht im Hier und Jetzt in Ihrem Erleben und momentanen Handeln sind? Sie kennen dieses Gefühl? Es nennt sich Flow (fließen, strömen). Der Forscher Mihály Csíkszentmihályi hat diesen Zustand intensiv erforscht und dokumentiert. Er beschreibt, dass dieser Zustand des Flows nur dann entsteht, wenn Sie vollständig mit einer Sache und mit Ihrem Tun verschmolzen sind, im Zustand höchster konzentrativer Entspannung. Alles ist mühelos, leicht und »flutscht« wie von selbst. Es geht einher mit Glücksgefühlen, innerer Harmonie und höchster Freude. Sie sind sich bewusst, was Sie tun, tun es aber nicht in einem Zustand des bewussten Nachdenkens. Sie haben einfach losgelassen und sich dem, was gerade geschieht, vollständig überantwortet. Nicht Sie tun, *es* geschieht. In diesem Zustand geschieht Manifestation.

## 12. Schöpferische Manifestation

Mental-Training auf der Stufe der schöpferischen Manifestation ist die höchste Stufe der Meisterklasse. Es ist ein aktiver Vorgang. Und es ist ganz einfach, nachdem Sie durch das Üben und Beherrschen der vorherigen Stufen des Mental-Trainings die wichtigsten Voraussetzungen geschaffen haben.

Nun gehen Sie in Ihre Vollmacht durch Selbst-Identifikation. Sie sind eingeladen, sich bewusst zu machen, dass Sie bewusster Geist, ein Teil der *einen Kraft* sind. Die Illusion des Ichs ist nur eine Vorstellung, keine Wirklichkeit.

In Wirklichkeit sind Sie schöpferisches Bewusstsein. Ihr Gemüt darf wissen und fest davon überzeugt sein, dass das Bewusstsein grenzenlos ist. Denn jegliches begrenzte und begrenzende Fühlen kommt aus dem Gemüt, aus den Emotionen und Gefühlen.

Körper, Geist und Gefühle wirken bei der schöpferischen Manifestation eng zusammen. Durch die Energie unseres Körpers, der Qualität unseres Geistes (unserer Gedanken) und der damit verbundenen Gefühlswelt bestimmen Sie die Qualität dessen, was in Ihr Leben tritt. Jeder Gedanke, jedes Gefühl, jede Emotion ist eine Schwingung. Eine Schwingung hat eine Wirkung auf Materie. Sie verändert die Form der äußeren Erscheinung. Dies wurde 1947 von dem Forscher Dr. Hans Jenny in Studien nachgewiesen. Er zeigte, dass Schwingungen, die auf Wasser, Graphitpulver und Öl einwirken, geometrische Muster erzeugen.

Das Muster ist das Sichtbarmachen der dahinter wirkenden unsichtbaren Kraft (Schwingung). Diese Erkenntnis lässt sich auch auf die schöpferische Manifestation übertragen. Schwingung wirkt auf das schöpferische Bewusstsein, auf das unendliche Feld an Möglichkeiten, die im Quantenraum gleichzeitig vorhanden sind. Ihre Gedanken, Emotionen und Gefühle wirken als Schwingung und zugleich als Ursache, welche der Möglichkeiten als Realität in Ihrem Leben in Erscheinung tritt.

Wenn Kraft, Weisheit, Liebe, Güte und Herzdenken in Ihrem Körper, Ihren Gedanken und Ihren Gefühlen vorherrschen, dann können Sie den Himmel auf Erden haben. Es sind die hohen Schwingungen, die mit den Qualitäten von

Kraft, Weisheit, Liebe, Güte und Herzdenken einhergehen, die entsprechende angenehme Umstände, schöne Ereignisse und erfüllende Begegnungen in Ihr Leben bringen. Je einsgerichteter und erhebender Ihre Gedanken, Emotionen und Gefühle, umso klarer und rascher geschieht die positive Manifestation. Sie haben die Wahl, wie eine Sache ausgehen und wie Ihr Leben aussehen soll. Sie dürfen aktiv schöpfen. Durch Identifikation mit dem erwünschten Endzustand holen Sie eine Möglichkeit der Zukunft als Realität in die Gegenwart. Sie können die Energie des erfüllten Wunsches schaffen und halten, indem Sie in der Gewissheit der erfolgten Erfüllung leben, denken, reden und handeln und zwar so lange, bis die Erfüllung im Außen in Erscheinung tritt. Je stärker Ihre Fähigkeit, Ihre Gedanken bewusst zu wählen, Ihre Emotionen zu kontrollieren und in die erwünschte Gefühlswelt einzutauchen, desto kraftvoller ist Ihre schöpferische Manifestation. Das Wissen um dieses Geheimnis ist der Schlüssel, der Ihnen alle Türen öffnet.

Es gibt eine ganz einfache Methode, die Aufmerksamkeit und Achtsamkeit zu steigern und automatisch immer in einem Zustand von Hochenergie zu verweilen und damit energiereich schöpferisch zu manifestieren. Ihr Körper verfügt über unterschiedliche Stromkreise. Diese reichen von Schwachstrom bis zu Starkstrom. Das Zentrum für Starkstrom befindet sich am Ende der Wirbelsäule, im sogenannten Wurzelchakra. Sobald Sie diese Starkstromquelle freigeschaltet haben, folgen alle anderen, nachgeordneten Schaltkreise ganz von selbst. Die Kraft breitet sich dann vom Wurzelchakra bis zum Kronenchakra aus. Sobald dieses geöffnet ist, öffnen sich auch die Bewusstseinsbereiche über Ihrem Kopf. Damit eröffnet sich ein unendliches Füllhorn an Kraft und Energie und Sie entdecken ungeahnte Fähigkeiten. Zugleich nimmt Ihre Ausstrahlung (Charisma) und Wirkung auf andere Menschen deutlich zu.

Die Shaolin-Mönche wussten um dieses Geheimnis zur Erweckung der sogenannten Kundalini-Energie. Sie praktizierten darum bestimmte Übungen zur gezielten Aktivierung. Diese sind überliefert als die »Unsterblichkeits-Übungen des gelben Kaisers«.

Das Freischalten im Wurzelchakra erfolgt ganz leicht durch eine Übung, die Sie drei Monate lang regelmäßig trainieren dürfen:

* Spüren Sie den sogenannten Pubo-Muskel im Beckenboden (Musculus pubococcygeus). Am einfachsten nehmen Sie ihn auf der Toilette beim Wasserlassen wahr. Sie lassen den Urin fließen und unterbrechen dann den Harnstrahl. Der Muskel, der zum Stoppen benötigt wird, ist der Pubo. Lokalisieren Sie diesen Muskel so lange, bis Sie ein sicheres Gespür für ihn haben und diesen jederzeit aktivieren und trainieren können – beim Autofahren, bei der Arbeit, im Kino, bei Veranstaltungen. Achten Sie darauf, beim Training mit geradem Rücken zu sitzen, damit die Energie frei fließen kann.
* Spannen Sie nun einfach den Pubo-Muskel an und halten Sie ihn angespannt, so lange Sie können. Danach lassen Sie ihn wieder los. Zu Beginn mag das Innehalten nur wenige Sekunden möglich sein. Nun wechseln Sie mindes-

tens zehnmal hintereinander zwischen An- und Entspannung des Pubo-Muskels ab, mit jeweils einer Pause von wenigen Sekunden. Mit jedem Üben steigern sich aber der Trainingseffekt und damit die Aktivierung des Wurzelchakras und sämtlicher anderer Energiezentren.

- Trainieren Sie den Pubo täglich mindestens zehnmal, besser 20 bis 30 Mal im Intervall: »Anspannen – Loslassen – Anspannen – Loslassen ...« Nach einer Woche Training können die meisten Menschen den Muskel für 20 bis 30 Sekunden angespannt halten.

- Sobald Sie zwei Minuten Pubo-Anspannung halten können, gehen Sie vom Intervall-Training über zum Dauer-Training, das heißt, Sie halten den Pubo so lange angespannt, wie Sie können. Das Ziel ist, diesen Muskel ohne Unterbrechung 30 Minuten lang angespannt zu halten. Den meisten Menschen gelingt das nach drei bis vier Monaten.

- Wenn Sie diese Stufe erreicht haben, genügt als »Erhaltungsdosis« eine mehrfache Aktivierung des Pubos am Tag.

Als weiterer Zugangsschlüssel können Sie, während Sie den Pubo-Muskel angespannt halten, die Zungenspitze in die kleine Kuhle am oberen Gaumen (relativ weit vorne in der Mitte) legen. Dadurch wird ein weiterer Stromkreis »scharf geschaltet«.

Lassen Sie sich überraschen, was durch das Freischalten dieser beiden Starkstromkreise geschieht: Die Gesundheit und Vitalität erfahren einen deutlich Schub, ebenso Ihre

Spannkraft und jugendliche Ausstrahlung. Die Ursache für die Verjüngung liegt darin, dass diese Übungen auch stimulierend auf die Hypophyse (Hirnanhangsdrüse) und Epiphyse (Zirbeldrüse) wirken und entsprechende Hormone ausschütten.

Ihre Kreativität nimmt zu, ebenso Ihre Intuition, das »ganz gewisse Wissen« kommt zum Tragen: Sie bekommen Zugang zu Ihrer inneren Weisheit und Erkenntnis und können im Zustand höchster Bewusstheit ruhen und agieren. Dieses Ruhen im Zustand höchster Bewusstheit, voll Wachheit und Aufmerksamkeit, ist eine wichtige Voraussetzung für schöpferische Manifestation. In diesem Zustand nehmen Sie das gewünschte Ziel (den »Endzustand«) in Besitz. Nichts lenkt Sie ab. Sie sind ganz im Hier und Jetzt während des Vorgangs der schöpferischen Manifestation.

Die mentale Fokussierung auf das Ziel in Verbindung mit Freude und Gelassenheit setzt hohe positive Energie frei. Die Konzentration ist dabei mühelos und spielerisch (»konzentrative Entspannung«). Alles fließt ganz einfach und *selbst*verständlich. Weil Ihr *Selbst* verstanden hat und eins ist mit der *einen Kraft*.

Folgen Sie bei der schöpferischen Manifestation ganz einfach dem bewährten Ablauf des Mental-Trainings:

### I. Die Vorbereitung (den Bedarfsplan erstellen)

Was will ich? Sie sind eingeladen, sich den erwünschten Endzustand bewusst zu machen. Prüfen Sie dabei genau: Will ich das wirklich? Ist das gut für mich? Ist das nur gut für die anderen? Ist es auch gut für die anderen? Schadet es

auch niemandem? Was sagen mein Herz und mein Bauchgefühl dazu? Dient es dem Ganzen? Der Verstand findet Argumente aus seinem Wissens- und Erfahrungsschatz, das
Herz aber weiß, wonach es Sie wirklich in Ihrem Wesenskern verlangt.

**2. Die Gedankenform schaffen (das Saatgut organisieren)**
Formulieren Sie den erwünschten Endzustand schriftlich.
Dies stets positiv, in der Gegenwartsform und vollständig.
Vermeiden Sie Absichtserklärungen wie »Ich will, möchte,
werde«. Ebenso verzichten Sie auf Verneinungen wie »Nie
mehr Kopfschmerzen«. Gut ist eine klare und bildhafte
Wortwahl.

**3. Die bildhafte Vorstellung des erwünschten Endzustandes
(das Pflügen)**
Je klarer das Bild, desto leichter kann sich die Energie zur
Verwirklichung darin sammeln. Je länger und öfter Sie das
Bild auf dem geistigen Bildschirm oder lebendig als Theater-
stück festhalten, desto mehr Energie fließt darauf.

**4. Aufladen mit Gefühl (das Düngen)**
Nun laden Sie Wort und Bild mit einem starken Gefühl der
Zustimmung, der Dankbarkeit, der Freude und des Glücks
auf. Denn Wort und Bild werden erst durch die begleitende
Emotion zur Gedankenform. Abschließend erfüllen Sie sich
mit dem Gefühl der inneren Gewissheit: »Ja, das gehört jetzt
zu mir.«

### 5. Die Ursache setzen (das Säen)

In Gedanken gehen Sie nun auf einen Berg und wiederholen die verbale Formulierung Ihres erwünschten Endzustandes mehrfach. Dabei sehen Sie das Bild des erwünschten Endzustandes deutlich vor sich und halten ihn auf dem geistigen Bildschirm fest. Sehen und erleben Sie sich in der erwünschten Situation so lebendig und mit allen Sinnen (Sehen, Hören, Fühlen, Riechen, Schmecken) wie möglich. Fühlen Sie sich wert, Erfüllung jetzt zu bekommen und zu behalten. Identifizieren Sie sich mit dem erwünschten Endzustand. Erkennen Sie die Wirklichkeit hinter dem Schein: Es ist der Glaube, der Tatsachen schafft. Ruhen Sie in dem sicheren Wissen und der festen Gewissheit, dass es damit nun geschehen ist.

### 6. Wiederholen (das Gießen)

Wiederholen Sie das Ganze, bis das Ziel erreicht ist. Tragen Sie auf Ihrer Ebene Ihren Teil dazu bei. Wenn Sie in der Lotterie gewinnen möchten, dürfen Sie wenigstens ein Los kaufen. Kommen Sie also auf der äußeren Ebene ins Tun. Ein Sprichwort sagt dazu: »Der Himmel hilft denen, die handeln.« Nur so kann Erfüllung geschehen.

### 7. Das Danken (Ernten)

Danken Sie dafür, dass Sie wissen, wie man Ursachen setzt. Danken Sie dafür, dass Sie Ihr geistiges Erbe antreten dürfen. Danken Sie dafür, dass es nun geschehen ist.

Nehmen Sie sich täglich eine feste Zeit, in der Sie das Mental-Training üben. Das Mental-Training ist besonders wirksam, wenn es zu Zeiten geschieht, wo es ohnehin ruhig ist und die meisten Menschen in einem entspannten Zustand sind. Das ist vor 6.30 Uhr und nach 22 Uhr. Die schöpferische Kraft ist dann besonders stark.

Wiederholen Sie das Mental-Training so viele Tage lang, bis sich Ihr Ziel in Ihrem Leben als materielle Wirklichkeit zeigt. Das kann sehr schnell gehen. Passiert es sofort, gleicht es einem Wunder. Meistens dauert es aber eine gewisse Zeit – im Schnitt 21 Tage – es können aber auch mehrere Wochen vergehen. Bleiben Sie unbedingt dran. Wiederholen Sie konsequent Ihr Mental-Training so lange beharrlich, bis das Ziel manifestiert und der Erfolg erreicht ist.

Parallel zu den festen Trainingszeiten laden Sie jedes Mal, wenn ein inneres Bild Ihres erwünschten Endzustandes aufsteigt, dieses Bild mit einem Gefühl der Freude und der festen inneren Gewissheit auf. Spüren Sie, wie das gewünschte innere Bild zu Ihnen gehört, fühlen Sie das Glück und die Dankbarkeit, es bereits erreicht zu haben. Ergänzen Sie die Bilder durch hilfreiche Affirmationen, die Sie durch den Tag begleiten. Halten Sie durch ein regelmäßiges Betrachten Ihrer Wunschcollage den Kontakt und fühlen Sie, dass dieses lohnende Ziel bald erreicht ist.

Damit das Gewünschte sich bald manifestieren kann, setzen Sie auf der äußeren Ebene in Ihrem Leben die richtigen Ursachen parallel zur Arbeit auf der geistigen Ebene:

- Stärken Sie Ihre Stärken.
- Gehen Sie ins Chancenbewusstsein: Jeder Augenblick lädt Sie zur Achtsamkeit ein, um Hinweise, Angebote und Botschaften auch zu erkennen.
- Lassen Sie alles Überflüssige und Zeitfresser los.
- Überprüfen Sie Ihren Medienkonsum.
- Brechen Sie belastende und überflüssige Verbindungen und Beziehungen ab, wenn es sein muss auch im Verwandtenkreis.
- Knüpfen Sie neue, hilfreiche Kontakte, die in Übereinstimmung mit Ihren Zielen sind.
- Lassen Sie sich weiterempfehlen und mit den richtigen Menschen in Verbindung bringen.
- Gehen Sie die Selbstverpflichtung zur Persönlichkeitsentfaltung und Weiterbildung ein.
- Leben Sie ein vorbildliches Leben als Meister Ihres Lebens und damit als wahrer Meister.

Kurz: Leben Sie ein Leben in der Essenz. Richten Sie Ihren Fokus auf das, was wesentlich ist. Der große Mystiker Angelus Silesius fasste das in folgende Worte: »Mensch werde wesentlich; denn wenn die Welt vergeht, so fällt der Zufall weg, das Wesen das besteht.«

Was geschieht, wenn es mit dem Mental-Training nicht zu funktionieren scheint? Wenn Ihre Wünsche und Ziele im Außen nicht in Erscheinung treten? Dann kann es sein, dass Sie in eine selbst gestellte Falle geraten sind.

Folgende Herausforderungen warten darauf, von Ihnen gemeistert zu werden:

- Sie setzen eine Ursache in Ihrem Leben und machen auch alles richtig mit den Übungen aus dem Mental-Training. Damit ist die erwünschte Wirkung geistig bereits Wirklichkeit. Das Leben bestimmt, dass diese Wirkung – in diesem Beispiel – bereits nach einer Woche im Außen in Erscheinung tritt.

- Nach drei bis vier Tagen, in denen scheinbar noch nichts geschehen ist, denken Sie: »So schnell geht das ja nicht!« Mit diesem Gedanken setzen Sie wiederum eine neue Ursache. Das Unterbewusstsein nimmt diese als neuen Auftrag an und leitet ihn umgehend an das Leben weiter. Das Leben verschiebt daraufhin die Erfüllung Ihres Wunsches um sechs Wochen.

- Nach fünf Wochen vergeblichen Wartens denken Sie: »Bei mir klappt das wohl nicht mit dem Mental-Training.« Damit setzen Sie eine endgültige Ursache. Das Unterbewusstsein nimmt dies wiederum als Auftrag an und streicht die Erfüllung komplett. Es geschieht nichts mehr.

- Nach drei Monaten haben Sie vielleicht von den Erfolgen anderer gehört und versuchen es noch einmal. Das Unterbewusstsein denkt nun, es soll nur auf die Probe gestellt werden, ob es auch aufpasst und leitet den Auftrag gar nicht erst weiter. Denn es gilt immer noch der Auftrag: »Bei mir klappt das nicht!« Dies verhindert auch in Zukunft »erfolgreich« alle Versuche, mit Mental-Training eine Ursache zu setzen.

Worauf es also ankommt, ist, die richtigen Ursachen zu setzen. Wenn Sie alles getan haben, was zu tun war, um erfolgreich zu manifestieren, dann lassen Sie vertrauensvoll los und lassen Sie es geschehen, damit das Leben sich auf seine Weise ausdrücken und das Gewünschte auf vielleicht ganz ungewöhnliche, unerwartete Weise bringen kann. Geduld ist gefragt. Jede Saat braucht ihre Zeit zum Aufgehen, Reifen und Gedeihen bis zur Ernte. Alles geschieht zu seiner Zeit.

Auch in einer Phase des scheinbar unerträglich langen Wartens oder großer Herausforderungen ist es wichtig, den Blickwinkel und die Gedanken positiv zu halten: »Bestimmt hat dies seinen guten Grund, der mir etwas Schönes bringt oder mich vor etwas bewahrt.« Darum ist das vertrauensvolle Loslassen so wichtig. Sie haben getan, was zu tun ist, nun antwortet das Leben auf seine Weise. Das Leben bestimmt, was stimmig ist für Sie – jetzt. Es er-geben sich die Ergebnisse. Er-geben (= überantworten) Sie sich dem Höheren. Dieser Vorgang ist jenseits von Zwang, jenseits von Hoffen und Befürchten. Ruhen Sie, nachdem Sie alle richtigen Ursachen gesetzt haben, einfach vertrauensvoll in der Gewissheit, dass das Richtige zur rechten Zeit für Sie geschieht.

Bei der Erfüllung eines Wunsches oder kurz vor der Erreichung eines Zieles scheint es manchmal im letzten Augenblick anders zu kommen. Das geschieht dann, wenn Ihr Glaube und Ihr Vertrauen in die *eine Kraft* ein letztes Mal geprüft wird. Wenn das geschieht, kommt es darauf an, dass Sie innerlich fest bei Ihrem angestrebten geistigen Bild/ Wunsch bleiben und sich mit jeder Zelle wert fühlen, Erfüllung *jetzt* zu empfangen. Sie können das auch im Außen dokumentieren: Ziehen Sie Ihre schönsten Kleider an und erwarten Sie freudig den Menschen, durch den Sie *heute* Erfüllung empfangen.

Eine Hilfe kann es auch sein, einem anderen ein hilfreiches Geschenk zu machen, wenn Sie selbst Hilfe benötigen – als letzter Anstoß für die Erfüllung. Wenn Sie nichts haben zum Verschenken, schenken Sie Ihre Liebe, Aufmerksamkeit oder Zeit. Freundliche Worte oder ein Lob, die Bereitschaft zuzuhören – all das sind Geschenke, die Ihnen jederzeit zur Weitergabe zur Verfügung stehen. So haben Sie es selbstbestimmt in der Hand, den Weg freizumachen zur Lösung Ihrer Herausforderungen.

Alles in Ihrem Leben geschieht durch freie Wahl. Das Wort »wählen« ist für Ihr Bewusstsein ein magisches Wort. Zu einem Leben im Einklang mit dem Gesetz der Selbstbestimmung gehört, dass Sie ganz bewusst eine geistige Wahl treffen. Sagen Sie sich: »Ich wähle ganz bewusst die Lösung für die vor mir liegende Aufgabe.« Besser noch ist es, wenn Sie die gewählte Lösung aufschreiben. Das geschriebene Wort hat eine noch tiefere Wirkung auf das Unterbewusstsein. Noch tiefer geht es, wenn Sie die Lösung als Bild, Foto oder Symbol festhalten können. Indem Sie bewusst Ihre Wahl treffen, bereiten Sie den Weg für dieses erwünschte Ergebnis. Sie dürfen sich daran gewöhnen, kühn, aber überlegt und vor allem (selbst)bestimmt zu wählen, was immer Sie wünschen. Denn Sie sind der Schöpfer Ihres Lebens!

Jetzt sind Sie eingeladen, das Mental-Training praktisch für ein Leben in höchster Selbstverantwortung anzuwenden:

- Träumen Sie gleich Ihr neues, märchenhaftes Leben.
- Was verabschieden Sie aus Ihrem bisherigen Leben?
- Was laden Sie Neues in Ihr neues Leben ein?
- Wie erreichen Sie das?
- Wann geht es los?
- Was ist Ihr erster Schritt?

## Das Gesetz der Selbstbestimmung auf einen Blick

- Die Beschäftigung mit dem Gesetz des Selbstbildes und dem Gesetz der Selbsterkenntnis sind Voraussetzung für ein Leben im Einklang mit dem Gesetz der Selbstbestimmung.
- Wenn Sie wissen, wer Sie sind und sich *selbst* erkannt haben, dann ist der nächste Schritt, dass Sie bewusst über Ihr *Selbst* und damit über Ihr Leben bestimmen.
- Selbstbestimmung bedeutet Selbstermächtigung: Sie sind ein Schöpfer! Sie erschaffen Ihre Lebensumstände.
- Bewusstseinsentwicklung benötigt ein wirkungsvolles Werkzeug: Mental-Training.
- Mental-Training ist der Schlüssel zu einem selbstverantwortlichen Leben durch die Nutzung Ihres schöpferischen Potenzials.
- Mental-Training arbeitet mit der Aufmerksamkeit (Gedanken, Worten, Gefühle), dem Unterbewusstsein (innere Bilder) und dem Überbewusstsein (Intuition, Innerer Meister).
- Die Techniken des Mental-Trainings sind: Zielsetzung,

Atemtraining, Entspannungstraining, Energie-Management, Affirmationen, positive Einstellungen und Denkgewohnheiten, Visualisierungstechniken, Meditationen, Erwecken der Herz-Intelligenz, Intuitionstechniken, Kreativitätstechniken und schöpferische Manifestation.

- Folgen Sie dem Ablauf des Mental-Trainings: Vorbereitung (Zielklarheit), Gedankenform schaffen, bildhafte Vorstellung des erwünschten Endzustandes, Aufladen mit Gefühlen, die Ursache setzen, Wiederholen, Danken und vertrauensvolles Loslassen.

# 4. Das Gesetz der Selbstdisziplin

»Großer Manitu, hilf mir den größten Feind zu besiegen, den ich habe: mich selbst. Und hilf mir den besten Freund zu finden, den es gibt: mich selbst.« So lautet ein altes Indianergebet. Auf dem Weg zu diesem Ziel ist das Gesetz der Selbstdisziplin ein guter Begleiter. Das Wort Disziplin kommt aus dem Lateinischen »disciplina«. Es hat zwei Bedeutungen: Ordnung und Zucht. Selbstdisziplin bedeutet also, ein geordnetes Leben zu führen: im Einklang mit sich und der höheren Ordnung zu sein. Zugleich bedeutet es auch, sich selbst im Griff zu haben (Selbstzucht). Das Gesetz der Selbstdisziplin lädt Sie ein, Ihr Leben bewusst so zu gestalten, dass auf allen Ebenen Ihres Seins Ordnung herrscht. Wenn Sie in der Schule des Lebens Selbstdisziplin lernen und diese beherrschen, beenden Sie die Abschlussprüfung als Meister in seiner Schöpferkraft.

Zur Selbstdisziplin gehören:

- Bewusste Entscheidung
- Klare Zielsetzung
- Mut und Zuversicht
- Fester Wille
- Beharrlichkeit
- Vertrauen

- Glauben
- Konzentration

Selbstdisziplin ist disziplinierte Arbeit. Sie tun das, was zu tun ist – auch wenn dazu Mühe notwendig ist. Es kann sein, dass Sie von alten Gewohnheiten Abschied nehmen dürfen, weil diese nicht mehr zu Ihnen und zu Ihrer Lebensaufgabe gehören. Ein Schlüssel dabei ist Selbstkontrolle. Je besser Ihre Selbstkontrolle, desto geringer ist der Einfluss von Fremdkontrolle. Je mehr Sie in dem Gefühl und in der Gewissheit ruhen, dass Sie sich selbst unter Kontrolle haben, desto mehr fühlen Sie die Freiheit, dass es keine Kraft gibt, die über Sie herrschen kann. Das führt zu einer unbeschreiblichen Leichtigkeit des Seins und zu einem Leben im Einklang mit allem, was im Hier und Jetzt ist. Sie spüren die Stimmigkeit und dass Sie in jedem Augenblick frei sind, das zu tun, was jetzt zu tun ist. Selbstdisziplin und Selbstkontrolle führen zu Selbstbestimmung und damit zu einem freien, glücklichen Leben.

Selbstdisziplin erfordert Willen. Der Wille ist die gebündelte Kraft, die Sie benötigen, um ein Ziel zu erreichen. Haben Sie einen festen Willen? Oder geht es Ihnen wie vielen Menschen, die es immer nur »versuchen«. Mit »Versuchen« erreichen Sie kein Ziel. Wille ist dagegen die kraftvolle Energie, die Veränderungen bewirkt und so lange beharrlich an einer Sache dranbleibt, bis der Erfolg da ist. Eine Sache ist so lange nicht beendet, bis das Ziel erreicht ist. Menschen, die etwas immer nur versuchen, bleiben auf der Anfängerstufe stehen. Ein Meister ist, wer beharrlich mit festem Willen das

Begonnene auch vollendet. Ein Meister ist ein Mensch, der sich selbst meistert. Und dazu bedarf es höchster Selbstdisziplin. Das hat nichts mit Selbstkasteiung und mühevoller Qual zu tun. Ein Meister zeichnet sich vielmehr durch Freude und spielerische Leichtigkeit aus. Auf seinem Weg zur Meisterschaft ist aus der zunächst bewusst geübten Selbstdisziplin eine ganz automatische und selbstverständliche innere Haltung geworden. Ohne Disziplin und Willenskraft können Sie auf keinem Gebiet Spitzenleistung vollbringen.

Wie sieht es mit Ihrer Willenskraft aus? Erforschen Sie ehrlich diesen für ein Leben in höchster Selbstverantwortung enorm wichtigen Bereich. Am besten machen Sie diese Selbstanalyse schriftlich und notieren sich Ihre Antworten auf einem Blatt Papier.

- Ist Selbstdisziplin für mich einfach oder schwer?
- Wie bewerten andere meine Willenskraft und Selbstdisziplin? Was sagt man mir in diesen Bereichen nach?
- Gelte ich als Vorbild in Willenskraft und Selbstdisziplin?
- Sucht man auf diesem Gebiet meinen Rat?
- War ich schon als Kind selbstdiszipliniert und willensstark?
- In welchen konkreten Situationen hat sich das gezeigt?
- Durch welche Situationen und Personen habe ich Selbstdisziplin und Willensstärke gelernt?
- Alles, was ich beginne, beende ich auch. Selten? Manchmal? Immer?
- Ich erreiche alle Ziele, die ich mir gesetzt habe. Selten? Manchmal? Immer?

- Wie viele wichtige Projekte habe ich begonnen und auch tatsächlich umgesetzt und erfolgreich abgeschlossen?
- Was war dabei der jeweils motivierende Faktor, der meine Willenskraft mobilisiert hat? Gehorsam? Anerkennung? Geld? Zufriedenheit?
- Wie stark ist meine Willenskraft in Bezug auf meine Ernährung? Kann ich Versuchungen widerstehen? Kann ich mein Gewicht halten und wenn nötig auch reduzieren?
- Wie stark ist meine Willenskraft und Disziplin in Bezug auf körperliche Fitness und regelmäßige Bewegung?
- Wie schaut es mit Selbstdisziplin und Willenskraft in Bezug auf meine Finanzen aus? Kann ich sparen?
- Habe ich Willenskraft beim Einkaufen oder falle ich schnell in einen Kaufrausch? Nie? Selten? Manchmal? Oft?
- Welche (schlechten) Angewohnheiten darf ich verändern, um mehr Willenskraft in meinem Leben zur Wirkung zu bringen?
- Wann beginne ich mit der notwendigen Veränderung?

Wenn Sie Selbstdisziplin und Willenskraft haben, dann ergibt sich daraus automatisch Selbstmotivation. Sie benötigen dann keinen anderen mehr, der Sie antreibt, vielmehr sind Sie in der Lage, jederzeit sich selbst zu begeistern und zu motivieren. Das führt zu Selbstsicherheit und Selbstbewusstsein – wichtige Türöffner für den Erfolg. Mit Selbstsicherheit und Selbstbewusstsein geht die Gewissheit einher, das Beste verdient zu haben. Selbstsicherheit ist das Gegenteil von Selbstzweifel. Das Wort Zweifel ist sehr aufschlussreich. In ihm steckt die »zwei«. Der Zweifel ist das, was mich entzweit: die negative Energie (= Gedanke, Überzeugungen), die verhindert, dass ich in der *Einheit* bin und damit in und mit der *einen Kraft* wirke.

Prüfen Sie einmal, ob Sie bereits im Zustand der Selbstsicherheit ruhen oder noch von Selbstzweifeln gebremst werden:

- Ich bin mir in jeder Situation meiner Selbst bewusst und meistere alles souverän. Nie? Selten? Manchmal? Immer?
- Ich spüre immer noch Zweifel in mir. Nie? Selten? Manchmal? Immer?
- In welchen Situationen spüre ich diesen Selbstzweifel? Beruflich? Partnerschaftlich? Privat? Sportlich? Künstlerisch? Spirituell?
- Wie begegne ich meinem Zweifel?
- Welche Lösungsstrategien habe ich erkannt?

Worum es geht, ist zu lernen, mit Gedanken, Gefühlen und Emotionen bewusst umzugehen. In früheren Zeiten waren Selbstbeherrschung und Selbstdisziplin oberstes Gebot. »Ein Junge weint nicht«, galt als Erziehungsmotto des Mannes. Emotionen waren damals, wenn es sich nicht gerade um »Begeisterung für eine Sache« handelte, unangebracht und störend. Heute leben wir in einer anderen Epoche. Jungen dürfen weinen, Verliebte zeigen ihre Gefühle in der Öffentlichkeit. Wer Probleme mit seinen Emotionen hat, kann in Therapien und Workshops gehen, um sich von Gefühlsblockaden zu befreien. Direktheit und Offenheit gelten heute in vielen Bereichen als Zeichen von Reife.

Nach wie vor gehört zur Selbstdisziplin aber auch Selbstbeherrschung. Dabei ist es wichtig, seine Gefühle zu kennen und sowohl auf die eigenen Empfindungen als auch auf die der anderen zu achten und angemessen zu reagieren. Prüfen Sie einmal für sich: Leiden Sie an Gefühlsarmut oder Gefühlsüberschwall? Welche Emotionen herrschen in Ihnen vor? Aggression? Wut? Freude? Stolz? Das Gefühl ist die »Lautstärke« der Sprache des Unterbewusstseins. Es gibt Wort und Bild die Kraft der Verwirklichung. Wort und Bild werden erst durch die begleitende Emotion zur Gedankenform. Es kann ein Gefühl der Zustimmung, der Bejahung, Dankbarkeit, Freude, Glück oder der absoluten inneren Gewissheit sein. Wichtig ist, dass Sie von diesem Gefühl erfüllt sind. Damit aktiviert dieses Gefühl die Kraft des Glaubens. Der Glaube ist nicht nur ein erfüllendes Gefühl der Gewissheit, sondern ein inneres Erkennen der Wirklichkeit. Dieses Gefühl entsteht leichter durch Identifikation mit dem erwünschten Endzustand. Sie führen sich lebendig vor Augen, wie Sie sich dann fühlen, wenn Sie das Ziel erreicht haben, wie Sie dann denken und wie Sie sich dann verhalten im Zustand der Erfüllung. So holen Sie die Erfüllung in die Gegenwart. Entspricht Ihr Gefühl nicht diesem Ideal, korrigieren Sie es einfach. Das ist ein aktiver Prozess des Hinfühlens, besser des korrigierenden Hinfühlens bis die Vorstellung des erwünschten Endzustandes mit Ihrem Gefühl genau übereinstimmt.

Die meisten Menschen leben zu sehr auf der emotionalen Ebene und lassen zu, dass ihre Gefühle ihre Handlungen beherrschen. Die Ursache zügelloser Emotionen ist mangelnde Selbstdisziplin. Der Geist (im Sinne von *spirit*, nicht von *mind* = Verstand) sollte aber herrschen. Die Gefühle dürfen nur den Antrieb zum Handeln liefern, nicht aber das Ziel bestimmen. Zu einem Leben im Einklang mit dem Gesetz der Selbstdisziplin gehört, dass die Gefühle bei Bedarf in ihre Schranken gewiesen werden, damit der Geist den ihm gebührenden Platz einnehmen kann. Das heißt nicht, dass Gefühle und Emotionen verleugnet oder unterdrückt werden müssen. Ihnen wohnt eine enorme Kraft inne, die nicht unterdrückt werden darf. Und doch können Sie Ihre Gefühle verändern und erziehen, wenn Sie die Kunst beherrschen, mit Ihren Gefühlen umzugehen.

Jedes Gefühl enthält zugleich eine Botschaft und hat eine Ursache. Gefühle sind wertvoll und lebenswichtig. Der erste Schritt im Umgang mit ihnen ist, mit ihnen zu sprechen. Sie können sich Ihr Gefühl wie eine Person vorstellen. Sie können dieser Person sagen, dass sie ein Recht hat, da zu sein. Dann fragen Sie sie nach ihrer Botschaft. Sie können sie auch nach ihrem Ursprung und nach dem zu Grunde liegenden Ereignis fragen. So können Sie dieses Erlebnis mit Ihrem heutigen Bewusstsein aus einem neuen Blickwinkel betrachten, es neu bewerten und mental »umerleben«. Nach dem Dialog können Sie Ihr Gefühl freundlich, aber bestimmt entlassen. Es kann sein, dass Sie diesen Dialog einige Male wiederholen dürfen, bis der Prozess erfolgreich abgeschlossen ist. Sie können die Sache beschleunigen, indem Sie sich bei Ihrem Gefühl für die wertvolle Botschaft bedanken. Annehmen, Wertschätzung und Dankbarkeit sind die Schlüssel zur Erlösung unerwünschter Gefühle. Sie können auch ein ganz neues Gefühl entstehen lassen, zum Beispiel das Gefühl des erfüllten Wunsches. Dabei können Sie sich in eine ganz neue Gefühlswelt begeben, in der Sie einen neuen Wert und eine neue Würde haben, in der Sie nicht mehr Opfer Ihrer Gefühle sind, sondern diese liebevoll mit klarem Bewusstsein führen.

Es geht um den richtigen Umgang mit den Gefühlen. Der Weg verläuft über die Hinführung zu Höherem. Jedes Gefühl hat eine höhere und eine niedere Entsprechung. Das höchste Gefühl, das einen Mensch erfüllen kann, ist die Liebe. Ihre niedere Entsprechung aber führt über die Eigenliebe zu Egoismus. Ihre höchste Entsprechung dagegen führt über die Liebe gegenüber der ganzen Schöpfung letztlich zu der *einen Kraft.*

Zur Selbstdisziplin gehört auch das stetige Bewusstmachen, dass nur die Gegenwart zählt. Nur das Jetzt ist existent. Auch wenn wir in einer zeitorientierten Welt leben, so ist das Einzige, was unserer Erfahrung je zugänglich ist, der gegenwärtige Augenblick. Das, was wir als Vergangenheit bezeichnen, sind nur weitere uns gegenwärtige Augenblicke, an die wir uns erinnern, weil wir sie gespeichert haben, und die wir in unserem Jetzt aus unserer Erfahrung schöpfen. Und auch die Zukunft besteht nur aus gegenwärtigen, noch zu erlebenden Augenblicken, an die wir im Jetzt denken können.

Viele Menschen denken, dass die Ursachen ihrer gegenwärtigen Schwierigkeiten in der Vergangenheit liegen. Richtig ist, dass Sie in der Vergangenheit bestimmte Gedankengänge hatten, Entscheidungen getroffen und damit bestimmte Ursachen gesetzt haben, deren Wirkung Sie jetzt erleben. Doch Sie erleben genau diese Wirkungen, weil Ihr Denken noch immer in Übereinstimmung mit diesen Gedanken und Entscheidungen und den damit verbundenen Gefühlen funktioniert.

So entkommen Sie mit Gedankendisziplin dieser Endlosschleife:

- Machen Sie sich bewusst, dass die Vergangenheit nicht existent ist. Die Vergangenheit ist unwiederbringlich vorbei. Was existiert ist unsere Erinnerung, doch diese befindet sich in der Gegenwart.
- Vergangene Ereignisse sind relativ unwichtig. Wie leicht haben Sie Stunden und Tage damit zugebracht, vergangene Ereignisse wieder und wieder zu erörtern, alternative Lösungsmöglichkeiten zu diskutieren, Schuldzuweisungen vorzunehmen. Alles das ist müßig, unnötig und unproduktiv. Denn Sie haben keinen Zugriff mehr auf die Vergangenheit.
- Machen Sie sich auch bewusst, dass jedes gedankliche Verweilen in der Vergangenheit, Ihre Aufmerksamkeit von der Gegenwart ablenkt. Dadurch versäumen Sie, den Augenblick zu genießen und mögliche Chancen wahrzunehmen.

Die Zukunft ist dagegen noch ganz offen. Sie erwächst aus Ihren gegenwärtigen Gedanken – denjenigen, die Sie bewusst wählen, aber auch aus den alten Gedankenmustern, die sich ganz automatisch immer wieder einschleichen. Frühere Denk- und Verhaltensmuster bestimmen Ihre Zukunft.

Ihre Gedanken sind der Samen, Ihre Emotionen der Dünger und die Zeit der Aussaat ist jetzt.

Der Schlüssel zu einer glücklichen Zukunft und damit einem erfolgreichen und erfüllten Leben heißt: Selbstdisziplin durch Gedankendisziplin. Halten Sie einmal kurz inne. Was denken Sie jetzt? Genauer gesagt, *wie* – in welcher Form – denken Sie jetzt? Und *was* fühlen Sie jetzt?

Mit unserem Denken erschaffen wir unsere Realität. Das ist ein geistiges Gesetz. Es ist weder gut noch schlecht. Es ist einfach. Da Sie der Urheber der Umstände Ihres Lebens sind, heißt das auch, dass Sie sie ändern können – nur Sie, und das jederzeit. Das ist auch mit dem »Jüngsten Gericht« gemeint. Es findet ständig statt, und Sie erleben, was Sie verursacht haben. Ihre Gegenwart ist das Ergebnis Ihrer Gedanken, Worte und Taten aus der Vergangenheit. Ihre Zukunft hängt davon ab, was Sie jetzt denken. Ihre Stärke und Macht sind so gewaltig, dass Sie sogar die Macht haben, sich zu einem machtlosen Menschen zu machen. Das geschieht jedes Mal, wenn Sie Ihre Macht anderen Menschen übertragen: Eltern, Lehrer, dem Chef, den Politikern, der Wirtschaft, dem Zufall etc. Wer seine Macht abgibt und ein ohnmächtiges Opfer »der Umstände« wird, kann seine Ziele und ein erfülltes Leben niemals erreichen.

Worauf es ankommt, ist, dass wir in unsere Vollmacht kommen und den Weg vom Opfer zum bewussten Schöpfer unseres Schicksals gehen. Damit verlassen wir das Gefängnis der vermeintlichen Gegebenheiten und Tatsachen. Eine Tat-Sache ist eine Sache, die getan worden ist, und jederzeit wieder geändert werden kann. Wenn in Ihrem Bewusstsein und in Ihrem Reden die Idee von Krankheit, Unfall, Misserfolg, Mangel und Problemen ist und alle Gedanken und Gespräche beständig darum kreisen, dann haben Sie gute Chancen, das alles auch zu verwirklichen. Die Folge ist ein Leben voller Schwierigkeiten und Leid.

Mit Gedankendisziplin erreichen Sie einen Wendepunkt Ihres Lebens. Denn damit etwas Erwünschtes, ein ganz neues Leben, Wirklichkeit werden kann, muss in Ihrem Bewusstsein zunächst die Möglichkeit geschaffen werden. Erst wenn SIE etwas für möglich halten und es mögen (= sich damit identifizieren, es in Besitz nehmen), wird es möglich.

Es beginnt immer mit Ihren Gedanken. Wenn Sie einzelne negative Gedanken bereits beim Entstehen erkennen und ein energisches »Stopp!« verfügen, können Sie anschwellende negative Gedankenströme verhindern. Mit konsequenter Gedankendisziplin können Sie kontinuierlich an Ihrer geistigen Einstellung arbeiten.

Steter Tropfen höhlt den Stein: Selbst wenn Sie jeden Tag nur ein Promille Ihrer Gedanken, die Sie über sich, Ihre Mitmenschen und die Umwelt denken, in positive Bahnen lenken, dann haben Sie nach 365 Tagen eine persönliche Steigerung von 36,5 Prozent erreicht. Können Sie sich vorstellen, wie es sich anfühlt, in dieser neuen, positiven Gedankenwelt zu leben? Und können Sie ahnen, wie sich Ihre äußere Welt und Ihr ganzes Leben als Folge Ihrer positiven Gedankenausrichtung entsprechend positiv verändern? Sind Sie neugierig auf diese Erfahrung?

Vielleicht sind Sie mit Ihrem Leben ganz zufrieden, die Wahrheit aber ist, dass die meisten Menschen ein Leben leben, das weit unter dem Niveau des tatsächlich möglichen Lebens liegt. Das sollten Sie ändern und zwar jetzt gleich. Lassen Sie sich nicht von anderen einreden, dass dies unmöglich sei. Es ist möglich. Wir sind nicht nur dafür verantwortlich, *wie* wir etwas erleben, sondern auch dafür, *was* wir erleben. Wir sind verantwortlich für unsere Handlungen, aber auch für unsere Unterlassungen. Nehmen Sie darum Ihr Leben selbstverantwortlich in die Hand.

Mit Selbstdisziplin und Gedankendisziplin gehen Sie nun folgende drei Schritte:

### 1. Schritt:

Sie fragen sich, wie Sie Ihr Leben bislang gelebt haben. Welche gewohnheitsmäßigen Gedanken und Glaubenssätze liegen all dem als Ursache zu Grunde, welche sich nun im Spiegel Ihrer Lebensumstände im Außen zeigt?

- Warum habe ich gerade diesen Körper?
- Warum lebe ich gerade jetzt an diesem Ort?
- Mit diesem Partner?
- Unter diesen Umständen?
- Warum habe ich diesen Beruf?
- Diese Vermögenssituation?
- Diese Wohnung?
- Diese Freunde?
- Diesen Gesundheitszustand?
- Warum habe ich bestimmte Schicksalsschläge erlitten?

## 2. Schritt:

Sie fragen sich: »Wie kann ich das ändern, was ich ändern möchte?« Wie kann ich frei bestimmen, was ich erlebe und wie ich leben möchte? Erkennen Sie: Wir schaffen alle unser Schicksal selbst, aber meist unbewusst. Mit Gedanken- und Selbstdisziplin schaffen Sie bewusst Ihr Schicksal.

## 3. Schritt:

Machen Sie sich nun Ihren Wunschtraum von Ihrem Leben bewusst. Diesen Ideen geben Sie in klaren Gedanken eine Form und schaffen so den erwünschten Endzustand. Sie können Ihre Vision auch aufschreiben, oder noch besser, bildhaft in Form einer Wunschcollage zu Papier bringen.

Wir leben gleichzeitig in zwei Welten: der inneren Welt unserer Gedanken, Gefühle und Vorstellungen und der äußeren Welt der Menschen, Dinge und Ereignisse. Naturgemäß sollte das Innen das Außen bestimmen. Stattdessen reagieren wir innen auf das Außen.

Zur Selbstdisziplin gehört der Abschied von einem Sein als Opfer der Umstände. Sie haben die Macht, diese Umstände nach Ihren Wünschen zu erschaffen, zu gestalten und zu verändern.

»Bittet, um was Ihr wollt. Glaubt nur, dass Ihr es erhalten habt, und es wird Euch werden!«, so lautet ein geistiges Gesetz, auf das auch Jesus immer wieder verwies.

Schöpferische Imagination ist in einem viel höheren Maße an unserem Leben im Alltag beteiligt, als die meisten glauben. Da ist zum Beispiel die mollige Frau, die immer wieder zu ihren Freundinnen sagt: »Ich brauche nur an einer Konditorei vorbeizugehen und schon habe ich wieder ein Kilo zugenommen!« Das ist richtig, denn die Frau hat die Torte energetisch in ihr Bewusstsein genommen und stellt sich bildhaft vor, wie sie wieder zulegt und ihr Körper noch runder wird. Die Materie folgt dem Geist: Der Körper folgt den Gedanken, die schwerpunktmäßig den ganzen Tag vorherrschen. Was denkt die pummelige Frau wohl den ganzen Tag: »Ich bin zu dick. Ich bin zu dick. Ich bin zu dick.« Der Körper folgt diesem Befehl prompt und liefert die entsprechende Figur: »zu dick«.

Halten Sie nun inne und notieren Sie selbstkritisch die Antwort auf folgende wichtige Fragen:

- Worum kreisen Ihre Gedanken und inneren Bilder meistens während des Tages?
- Was ist derzeit Ihr größtes Problem, also der Problemkreis mit der stärksten Energie?
- Was kommt Ihnen dazu in den Sinn?
- Welche Gedanken, Bilder und Gefühle sind damit verbunden?
- Verursachen diese Gedanken, Bilder und Gefühle, was Sie erreichen wollen oder was Sie befürchten?

Mit Gedankendisziplin können Sie das Ganze wenden und »umerleben«. Es beginnt damit, dass Sie Ihre Einstellung und damit Ihre Bilder und Gefühle verändern. An die Stelle des Ärgers über das Dicksein setzen Sie die Freude über die Möglichkeit, jederzeit wieder schlank sein zu können. So schaffen Sie mit der schöpferischen Imagination Ihre Lebensumstände.

Zur Selbstdisziplin gehört auch die Konzentration auf das Wesentliche. Dies ist ein Schlüssel zu einem erfolgreichen und erfüllten Leben. Beobachten Sie sich und Ihr Leben einmal kritisch, wie es in dieser Hinsicht aussieht. Schauen Sie auch jeden Abend in einer Tagesrückschau genau hin:

- Wie habe ich den Tag begonnen?
- In welchem Gemütszustand war ich?
- Womit habe ich diesen Tag verbracht?
- Worauf habe ich meine Aufmerksamkeit gerichtet?
- Mit welchen Tätigkeiten war ich beschäftigt?
- Was davon war wichtig?
- Wo ist meine Energie hingeflossen?
- Wo habe ich mich mit Kleinigkeiten aufgehalten oder belastet?
- Was war Zeit-, Energie- und Geldverschwendung?
- Wie oft habe ich Kritik geübt?
- Habe ich mich zu Tratsch und Klatsch und müßigem Geschwätz verleiten lassen?
- Habe ich meine Nerven mit Überflüssigem aufgerieben und war dadurch reizbar und launisch?

Ziehen Sie ehrlich Bilanz. Fragen Sie sich, ob Ärger, Geschwätz und Schimpfen Ihnen und anderen geholfen haben? Die Wahrheit ist: Es bringt nichts, nimmt aber viel – Lebensfreude und Energie.

Zu einem Leben in Selbstverantwortung im Einklang mit dem Gesetz der Selbstdisziplin gehört Selbstbeherrschung. Zornausbrüche schaden Ihnen und anderen. Sie gehen auf Kosten der Achtung und der Selbstachtung sowie der Zuneigung Ihrer Mitmenschen.

Bei der Konzentration auf das Wesentliche dürfen Sie auch unnötige Sorgen ab sofort aus Ihrem Leben streichen. Halten Sie sich fern von allem, was Ihre Kraft vergeudet und Ihnen Energie raubt. Sorgen und Zukunftsängste sind unnötiger Ballast. In der Vorwegnahme des angenommen Schlimmsten und im ewigen Bedenken möglicher Katastrophen verbrauchen Sie unnötige Kraft. Wenn Sie in der Gegenwart, im *Jetzt*, mit Ihrer ganzen Achtsamkeit präsent sind, handeln Sie nach bestem Vermögen und stellen damit die richtigen Weichen für die Zukunft. Und wenn doch etwas schiefgeht, dann haben Sie eine wertvolle Erfahrung gemacht, wie Sie es nächstes Mal besser machen können. Wenn es noch möglich ist, sorgen Sie sofort für eine Korrektur. Ist dies nicht möglich, lassen Sie die Sache auf sich beruhen, ohne weiter darüber nachzudenken, beziehungsweise es in endlosen Erzählungen ständig wieder »aufzuwärmen«. Was vorbei ist, ist vorbei. Konzentration auf das Wesentliche heißt auch Abschied von Selbstvorwürfen.

Ihre Energie und Ihr Selbstvertrauen gewinnen Sie zurück durch die Kunst der Revision, das bedeutet durch bewusstes »Umerleben«. Ich lade Sie ein, diese heilsame und gewinnbringende Übung als Abschluss Ihres Tages ab sofort in Ihr Leben zu integrieren. Diese Psychohygiene ist die beste Reinigung des Gemütes. Geistiges Umerleben funktioniert so, dass Sie den gerade vergangenen Tag noch einmal in Gedanken erleben und zwar so, wie Sie ihn gerne tatsächlich erlebt hätten. Gehen Sie Stunde für Stunde durch und revidieren Sie einzelne Szenen so lange, bis Sie mit Ihren Idealvorstellungen in Einklang sind. Haben Sie zum Beispiel mit der heutigen Post eine enttäuschende Nachricht erhalten, so revidieren Sie den Brief. Schreiben Sie ihn in Gedanken neu und bringen Sie ihn in Übereinstimmung mit der Botschaft, die Sie gerne erhalten hätten. Lesen Sie dann in Ihrer Vorstellung den Brief immer wieder, bis Sie den optimalen Endzustand erreicht haben und Kraft und Freude spüren.

Das Wesentliche an einer Revision ist, dass sie zu einer Aufhebung führt. Dadurch, dass Sie Ihre Aufmerksamkeit von dem Alltag mit seinen Missgeschicken abziehen und sich voll Freude und Erfüllung Ihrem revidierten Tag zuwenden, geschieht Veränderung zunächst in Ihrem Inneren, später dann auch in Ihrem äußeren Leben. Sobald Sie beginnen, auch nur einige wenige tägliche Ärgernisse und Probleme zu revidieren (umzuerleben), arbeiten Sie ganz praktisch an sich selbst und Ihrer Persönlichkeit. Sie können auf diese Weise auch Stress und Belastungen vorweg umerleben, indem Sie zum Beispiel künftige schwächende Situationen wie eine Prüfung, eine unangenehme Begegnung oder Aussprache in Gedanken (mental) vorab optimal meistern.

Das Mentale Umerleben wenden Sie ganz praktisch an:

- **Das Vergangene mental umerleben:** Dabei ist es wichtig, Gefühle »umzufühlen«. Stellen Sie sich die Situation so lange immer wieder in dem gewünschten Ablauf vor, bis Sie Freude fühlen.

- **Die Zukunft mental vorauserleben:** Was kommt Besonderes auf mich zu? Wie wäre der Verlauf für alle Beteiligten gut? Was ist dafür zu tun? Sehen Sie den Ablauf ganz deutlich vor Ihrem geistigen Auge, und fühlen Sie, wie optimal alles verläuft.

- **Selbsterziehung:** Durch Mentales Umerleben können Sie Eigenschaften, die Sie nicht länger in »Ihrem Rucksack« herumschleppen möchten, loslassen. Das eröffnet Ihnen die Chance, Ihren Charakter zum Ideal hinzuformen. Indem Sie sich ändern, ändern Sie Ihr Schicksal und Ihre Lebensumstände.

- **Gewohnheiten erkennen und ändern:** Mit mentalem Umerleben können Sie Gewohnheiten erkennen und ändern. Die erwünschten Gewohnheiten festigen Sie, die unerwünschten lösen Sie auf. Durch ständige Wiederholung prägt sich ein neues Verhaltensmuster ein. Ein regelmäßiger Blick auf Ihre »innere Bildergalerie« zeigt Ihnen, was noch stimmig ist und was an Ihren derzeitigen Wertmaßstab angepasst werden darf. So ändern Sie regelmäßig überholte Bilder oder tauschen Sie aus.

- **In den erfüllten Wunsch eintauchen:** Versetzen Sie sich mental in den angestrebten Endzustand, in Ihr erreichtes Ziel hinein. Erleben und fühlen Sie so intensiv wie möglich mental, ob Ihnen das wirklich Erfüllung bringt? Lohnt sich der Zeit-, Geld- und Energieaufwand, der dafür erforderlich wäre? Ist es wirklich das, was Sie sich erträumt haben?

- **Ursachen setzen:** Mit mentalem Vorauserleben können Sie bewusst die richtigen Ursachen für die gewünschte Wirkung setzen. Mit dem mentalen Umerleben können Sie eine gezielte »Gedankenkur«, eine »mentale Diät« starten. Das geht so, dass Sie jeden Ärger, jede Angst, jeden Stress sofort »umerleben« und dadurch auflösen, bevor eine negative Wirkung erfolgen kann. Auch Schuldgefühle, Sorgen, Zweifel, Wut, Selbstmitleid und Aufregung können Sie mental umerleben. Die heilsame »Gedankenkur« können Sie auch auf den Bereich Gesundheit anwenden. Jeden Gedanken an Krankheit, Schmerz und Leid erleben Sie sofort um in Richtung Gesundheit und Glück. Machen Sie sich negative Gedanken (zum Beispiel an Armut, Zufall, Schicksalsschläge) sofort bewusst und lösen Sie diese auf. Wenn Sie so jede Situation des Tages als praktische »Gedankenkur mit sofortiger Therapieanwendung« nutzen und ergänzend jeden Abend Psychohygiene (Revision, mentales Umerleben) betreiben, geschieht Heilung auf ganz vielen Ebenen Ihres Lebens. Diese Kur wirkt ganzheitlich auf Körper, Geist und Seele und verändert Ihr Leben. Indem Sie all das Negative loslassen, das Sie bislang hemmte, wird eine riesige Energie frei. Sie spüren diese Energie, und andere Menschen nehmen diese als Ausstrahlung war. Je stärker Sie Positives ausstrahlen, desto mehr ziehen Sie nach dem Gesetz der Resonanz die Dinge, Ereignisse und Personen an, die ebenfalls positiv sind, die jetzt zu Ihnen gehören. Dann brauchen Sie nicht mehr zu suchen, dann werden Sie gefunden.

Mentales Umerleben trägt die Wirklichkeit schaffende Kraft in sich. Mit Selbstdisziplin das Werkzeug des mentalen Umerlebens konsequent einzusetzen, bringt Ihnen ein großes Geschenk: unerschütterliche Gelassenheit. Diese Gelassenheit ist fern von Nachlässigkeit oder Lässigkeit, sondern das Ergebnis der Ausgeglichenheit Ihres Bewusstseins. Mangelnde Zielklarheit, Gedankenlosigkeit und mangelnde Selbstdisziplin aber führen dazu, dass man vom Kurs abkommt, beziehungsweise erst gar keinen Kurs einschlägt und hält. Die Folge ist, dass man von einem Fehler zum nächsten stolpert. Das ist der kleine, aber entscheidende Unterschied zwischen einer Person und einer Persönlichkeit. Die Persönlichkeit hat klare Ziele, aus denen sich die Richtung, der Weg und die Schritte wie von selbst (aus dem *Selbst* heraus) ergeben. Diesen Weg geht die Persönlichkeit mit Selbstdisziplin. Obwohl jedes Leben einmalig ist und jeder Weg zum ersten Mal gegangen wird, ergibt sich aus dieser Haltung eine riesige Sicherheit und Klarheit, mit der man auch andere begeistern kann.

Erfolg ist eine Mischung aus Selbstdisziplin und intensiver Arbeit, ergänzt durch Entspannung und Ruhe. Achten Sie auf Ausgewogenheit und auf Erfolgsfaktoren:

- **Bestleistung:** Wenn Sie etwas tun, tun Sie es richtig. Wenn etwas wert ist, überhaupt getan zu werden, dann mit ganzer Kraft und »heißem Herzen«. Mittelmäßigkeit und Halbherzigkeit führen zu einem durchschnittlichen Leben. Leben Sie ein Leben mit Begeisterung und Leidenschaft.

- **Training:** Kommen Sie heraus aus der Komfortzone. Regelmäßiges Üben, die tägliche Arbeit mit dem Geist führen Sie in die Meisterschaft. Gehen Sie an Ihre Grenzen, wachsen Sie über sich selbst hinaus.
- **Harmonie:** Nach Anspannung folgt Entspannung. Das ist das Gesetz der Balance. Achten Sie auf Ausgewogenheit. Wenn Sie auf Ihrem Erfolgsweg zur Erreichung des nächsten Etappenziels das Beste gegeben haben, dann folgt eine Ruhepause und auch eine Belohnung.

Zur Selbsdisziplin gehört ebenfalls der achtsame Umgang mit der inneren und der äußeren Rede. Ihre innere Rede darf sich ausschließlich um das »erreichte Ziel« drehen, nicht darum, ein Ziel irgendwann zu erreichen. Halten Sie Ihre Formulierungen so präzise und auch so kurz wie möglich, aber auch so lang wie nötig.

Das Gesetz der Kahuna auf Hawaii besteht aus nur zwei Worten: »Verletze niemanden«. Es gibt aber EU-Verordnungen über die Einfuhr von Lebensmitteln, die über 25 000 Worte umfassen. Statt Wortinflation sind Einfachheit und ein Besinnen auf die Essenz gefragt.

Jedes Ihrer Worte sollte ein Geschenk sein. Der schönste Gebrauch von Worten hat drei Zwecke:

- Helfen und heilen
- Danken
- Segnen

Kennen Sie das »Geheimnis des ersten Wortes«? Das erste Wort bestimmt das Niveau Ihrer Begegnung, denn die Ebene, die Sie im anderen ansprechen, die antwortet Ihnen. Die Verstandes- oder die Herzebene? Worauf es ankommt, ist bewusst das erste Wort und den dahinter liegenden Gedanken zu wählen. Daraus ergeben sich der Ton, der Klang Ihrer Stimme, Ihr Gesichtausdruck, Ihre Mimik und Ihre Körperhaltung. Diesem allem zu Grunde liegt Ihre innere Haltung, Ihr Bewusstsein. Wenn Sie dem anderen begegnen und mit ihm sprechen, dann fragen Sie sich:

- Als *wer* spreche ich?
  Spreche ich aus dem Verstand heraus? Aus den Emotionen? Aus dem Ego oder aus dem *Selbst*? Es wirkt der, der spricht.
- Zu *wem* spreche ich?
  Mit welcher inneren Haltung begegne ich dem anderen? Spreche ich »von oben« herab zu ihm? Oder voll Achtung und Wertschätzung? Es antwortet der, den ich anspreche.
- *Was* sage ich?
  Sind meine Worte ein Geschenk für den anderen? Meine ich auch wirklich den anderen?
- *Wie* spreche ich?
  Bin ich nicht nur bewusst, sondern auch liebevoll?

Wenn ich mir das alles bewusst gemacht habe und den anderen als den wahrgenommen habe, der er wirklich ist, erst dann richte ich das erste Wort an ihn. Dabei achte ich darauf, dass:

- Ich selbst im richtigen Bewusstsein bin.
- Ich die richtige Ebene im anderen anspreche.
- Meine Worte wirklich ein Geschenk sind.
- Ich erfüllt bin von Liebe.
- Ich mit meinen Worten entweder helfe und heile, danke oder segne.

Wenn ich so spreche, dann spreche ich »subcutan«, dann geht jedes meiner Worte unter die Haut. Dann rede ich nicht, dann spreche ich machtvolle Worte. Dann beherrsche ich die Kunst, durch das Wort heilsam zu wirken.

Ein Leben im Einklang mit dem Gesetz der Selbstdisziplin führt Sie ganz automatisch dahin, dass Sie mit Gedanken und Worten achtsam und damit heilsam umgehen.

## Das Gesetz der Selbstdisziplin auf einen Blick

- Selbstdisziplin bedeutet, ein geordnetes Leben zu führen: im Einklang mit sich und der höheren Ordnung zu *sein*.
- Selbstbeherrschung und Selbstkontrolle sind wichtige Schlüssel zur Meisterung der Selbstdisziplin.
- Je mehr Selbstkontrolle, umso geringer der Einfluss von Fremdkontrolle und umso freier ist Ihr Leben.

- Selbstdisziplin erfordert einen festen Willen.
- Selbstdisziplin und starke Willenskraft führen zu Selbstsicherheit und Selbstbewusstsein.
- Lernen Sie, mit Ihren Gedanken, Gefühlen und Emotionen bewusst umzugehen: Lernen Sie Selbstbeherrschung.
- Zur Selbstdisziplin gehört Gedankendisziplin. Mit Gedankendisziplin meistern Sie Ihr Leben.
- Lernen Sie die Konzentration auf das Wesentliche. Verabschieden Sie Sorgen, Ärger, Zeitfresser und Energieräuber aus Ihrem Leben.
- Lernen Sie die Kunst des mentalen Um- und Vorauserlebens.

# 5. Das Gesetz der Selbstachtung

Achte ich mich selbst? Achte ich mein *Selbst*, das höchste Wesen, das ich bin? Wenn ich mich erkenne als das, was ich bin, ein Ausdruck der *einen Kraft*, dann ist Selbstachtung die natürliche Folge. Und wenn ich mich achte, dann kann ich auch andere achten. Die Selbstachtung und das Sich-selbst-Annehmen sind die Voraussetzung dafür, dass andere Sie achten. Wenn Sie selbst sich nicht annehmen, wie sollen es dann andere tun? Die innere Haltung, mit der Sie selbst sich begegnen, spiegelt sich im Außen wider.

Schauen Sie achtsam auf Ihr Umfeld und die Beziehungen zu anderen. Wie tritt man Ihnen entgegen? Voll Hochachtung? Oder mit Missachtung? Daraus können Sie Rückschlüsse auf Ihre Innenwelt ziehen. Der Grad an Achtung, den man Ihnen entgegenbringt, entspricht exakt dem Grad an Selbstachtung, den Sie sich selbst erweisen.

Sie leiden unter den verächtlichen Blicken Ihrer Vorgesetzten? Sie leiden unter mangelnder Achtung, die Ihnen Ihr Partner zeigt? Ihre Nachbarn und Verwandten behandeln Sie geringschätzig? Sie beschweren sich über Mobbing? Sie möchten, dass die anderen sich ändern? Ganz einfach: Fangen Sie bei sich selbst an. Nichts ändert sich, es sei denn, Sie ändern sich.

Folgende Eigenschaften fördern die Selbstachtung:

- Sich-selbst-Annehmen
- Eigenverantwortlich sein
- Für sich Einstehen

**Sich-selbst-Annehmen:** Sie sind so wie Sie sind. Und Sie dürfen auch so sein. Selbstakzeptanz ist nicht an bestimmte Konditionen und Voraussetzungen geknüpft. Sie ist vielmehr bedingungslos. Sie sind bereits gut. Sie haben etwas erreicht im Leben. Sie haben Talente und Fähigkeiten. Sie haben Gaben, die nur Sie besitzen, und die genauso benötigt werden zum Wohle des Ganzen. Das Ziel ist nicht, dass Sie sich so lange verbessern müssen, bis Sie sich annehmen können. Es geht darum, sich selbst genauso anzunehmen, wie Sie jetzt gerade sind – mit allen Ecken und Kanten.

Aus der Selbstakzeptanz entsteht die Kraft zur Transformation. So ist jederzeit die Möglichkeit gegeben zu Wachstum und Entwicklung, damit Sie immer mehr zu dem werden, als der Sie im Wesenskern gemeint sind. Ein Ergebnis der Transformation ist die Erkenntnis, dass Sie einmalig sind und einen wertvollen Beitrag zum Leben leisten können, auf Ihre ganz besondere und einmalige Art: durch das Leben Ihrer wahren Bestimmung und dadurch, dass Sie ein sinnerfülltes Leben leben.

Spüren Sie die Freude und Dankbarkeit für all das Schöne und Gute, das bereits in Ihrem Leben ist. Und entwickeln Sie Offenheit für all das Schöne, das noch in Ihr Leben tritt. Ein Mensch, der sich selbst annimmt und erfährt, wie wohltuend und transformierend diese Kraft der Selbstakzeptanz ist, kann auch andere Menschen annehmen, genauso wie sie sind.

Erkennen Sie auch, dass der Platz, auf dem Sie stehen, der (derzeit) richtige ist. Nur von diesem Platz aus können Sie den nächsten Schritt tun. Nur von diesem Platz aus können Sie den Augenblick erfüllen. Wenn Sie sich so annehmen, wie Sie sind, erkennen Sie, dass es gar nicht auf den Rang ankommt, den jemand einnimmt, sondern auf die Art und Weise, wie dies geschieht: mit einem erfüllten Herz.

Zur Selbstannahme gehört auch die Optimierung des ersten Eindrucks. Die ersten sieben Sekunden einer Begegnung entscheiden, ob Ihr Gegenüber Sie sympathisch findet. Sie sind eingeladen, eine gewinnende Persönlichkeit zu sein. Schauen Sie in den Spiegel und machen Sie sich bewusst, dass Sie eine einmalige und faszinierende Persönlichkeit sind. Ist das auch im Außen erkennbar? Schaffen Sie sich eine Charisma- und Erfolgsaura. Das beginnt mit der Wahl Ihrer Kleidung, Ihrer Frisur bis zum Eindruck Ihrer Gesamterscheinung.

Ganz wichtig ist auch Ihre Stimme. Die Stimme ist ein Zauberinstrument, mit dem Sie andere Menschen begeistern und berühren können. Es lohnt sich, an der Stimme zu arbeiten. Die Stimme entscheidet über Stimmungen und über stimmig sein: Stimme – stimmig – stimme ich? Lernen Sie auch zuzuhören und hinzuhören. Was sagt der andere? Was sagt er wirklich?

**Für sich einstehen:** Stehen Sie zu sich und für sich ein. Das bedeutet, selbstbewusst Position zu beziehen und seinen Platz einzunehmen. Stellen Sie Ihr Licht nicht unter den Scheffel. Zeigen Sie, was in Ihnen steckt und nehmen Sie auch die Ihnen zustehende Anerkennung und Wertschätzung freudig entgegen.

**Eigenverantwortlich sein:** Übernehmen Sie Verantwortung für alles, was in Ihrem Leben geschieht. Für das Gute wie auch für Fehler. Es gibt keinen Schuldigen. Egal, was geschieht, zeigen Sie Größe, indem Sie das Beste daraus machen. Ein Opfer sucht immer Schuldige und den Fehler bei anderen. Ein Schöpfer denkt in Lösungen und handelt aufbauend, egal was geschieht. So zu leben stärkt das Selbstwertgefühl und die Selbstachtung.

Zur Eigenverantwortung gehört auch, mit was Sie sich geistig ernähren. Leben Sie ständig mit einer geistigen Abmagerungsdiät, bestehend aus Fernsehen, Radio, Negativ-Schlagzeilen der Zeitung, Horror- und Schundfilmen und banaler Lektüre? Diese »geistige Abfallnahrung« führt zwangsläufig zu einer geistigen Unterernährung. Mit welchen fremden, negativen und destruktiven Gedanken umgeben Sie sich?

»Am Anfang war die Tat« lässt Johann Wolfgang von Goethe seinen Dr. Faust sagen. Und Arthur Schopenhauer sagt: »Am Anfang war der Wille.« Mahatma Ghandi schrieb: »Am Anfang war die Kraft.« In der Bibel lautet es entsprechend so: »Am Anfang war das Wort.« Gedanken setzen Worte und damit Kräfte in Bewegung. Gedanken sind der Stoff, aus dem die Wirklichkeit gemacht ist. Alles, was Sie sehen, die ganze Welt, ist zuvor gedacht worden, bevor alles so geschaffen wurde. Gegenstände, Tatsachen sind »gedachte Tatsachen«, verwirklichte Gedankenbilder.

Eigenverantwortlich und im Einklang mit dem Gesetz der Selbstachtung (= mein *Selbst* achtend) zu leben bedeutet, kritisch hinzuschauen, welche Informationen, welche Gedankenbilder, Sie in Ihr Leben und in Ihr Bewusstsein einladen wollen. Das Wort Information kommt aus dem Lateinischen und heißt »in die Form bringen«. Ihr Geist, Ihr Körper, Ihr Leben wird durch die Art der Informationen, die Sie konsumieren, in die Form gebracht = beeinflusst, geprägt. Machen Sie sich bewusst, dass jede Information über die Qualität Ihres Lebens entscheidet. Sie bestimmen durch Ihren Blickwinkel und durch die Ausrichtung Ihres Bewusstseins selbst die Stufe, auf der Sie leben. Sie haben es in der Hand, ob Sie glückliche, angenehme Nachrichten und Informationen in Ihr Leben lassen oder negative und unangenehme. Ihr Umgang mit den Medien entscheidet mit darüber, ob Sie sich glücklich oder unglücklich, hoffnungsvoll oder deprimiert, optimistisch oder pessimistisch fühlen. Nur Sie selbst können sich glücklich machen. Ich ermuntere Sie aus jahrelanger eigener Erfahrung: Setzen Sie sich selbst auf Medienentzug. Verbannen Sie Fernseher, Radio, negativ stimmende Filme und Bücher sowie stundenlanges plan- und zielloses Herumsurfen im Internet konsequent aus Ihrem Leben. Lassen Sie sich angenehm überraschen, was an diese Leerstelle tritt. Aus dem, was Sie vielleicht zunächst als Verlust empfinden, wird rasch eine Fülle an ganz neuen Möglichkeiten, Ideen, Begegnungen und Erkenntnissen erwachsen. Ich verspreche Ihnen, dass Ihr neues Leben schöner, reicher und erfüllter ist.

Sie dürfen Ihr (neues) Leben genießen. Die Kunst des Genießens heißt, in das »Geheimnis Leben« eintreten. Können Sie Ihr Leben wirklich genießen? Erleben Sie bewusst die vielen angenehmen Kleinigkeiten, die jeder Tag bietet? Zu einem Leben im Einklang mit dem Gesetz der Selbstachtung gehört auch die Achtsamkeit, jeden Tag als ein neues Abenteuer zu erkennen, das noch nie da war und auch genau so nie wieder kommen wird. Lebensfreude, Leichtigkeit und Glück sind nicht abhängig von irgendwelchen Umständen. Sie können diese Gefühle in jedem Augenblick erleben – Glück ist ein Zustand, der nur in Ihrem Inneren ist:

- Alles ist immer so leicht oder so schwer, wie Sie es nehmen. Das heißt, Sie haben es in der Hand.
- Ihr Leben ist so schön, wie Sie es sich in jedem Augenblick machen.
- Die Leichtigkeit des Seins beginnt *jetzt*!
- Sie können *jetzt* sofort anfangen, *jeden* Augenblick zu genießen.
- Sie dürfen auch die schwierigen Szenen in Ihrem »Film des Lebens« genießen.
- Spielen Sie die Hauptrolle in Ihrem Leben und achten dabei aber auch auf Ihre Mitspieler.
- Nehmen Sie nichts, aber auch gar nichts, ernst.
- Entdecken Sie die Schönheit Ihres Handelns in jedem Moment.
- Machen Sie sich resonanzfähig für Genuss.
- Genießen Sie, um genießbar zu sein.

Stellen Sie Ihre Sinne auf Genuss ein. Für manche Menschen ist das Wort Genuss oder Lust negativ besetzt. Für sie schwingt etwas Verbotenes darin mit. Das sollte nicht so sein. Das Leben ist Ihnen zur Freude und als Genuss gedacht. Geben Sie sich selbst die Erlaubnis, jede Sekunde zu genießen. Genuss ist nicht abhängig von den Umständen, sondern von Ihrem bewussten Umgang mit und Ihrer Reaktion auf die jeweiligen Lebensumstände.

Zum Genießen gehört, gute Musik zu hören. Wohltuende Musik, die berührt, anrührt und die Seele erhebt. Genießen Sie, was für Sie Lebensqualität bedeutet: Naturerleben, Wandern, Sonnenuntergänge betrachten, Tanzen, Ski laufen, mit Tieren spielen, Freundschaften pflegen. Prüfen Sie, was bei Ihnen Freudigkeit und Leichtigkeit auslöst. In diesen Augenblicken sind Sie ganz Sie selbst. Sie genießen. Und das ist die Grundlage für seelische und körperliche Gesundheit.

Und üben Sie, Muße zu haben – Zeit, in der Sie nichts anderes tun, als einfach zu *sein*. Genießen Sie es, ein Lebenskünstler zu sein. Ein Leben bewusst zu führen im Einklang mit dem Gesetz der Selbstachtung und in höchster Selbstverantwortung – das ist höchste Lebenskunst. Lernen Sie auch die »Kunst des Zelebrierens«. Das bedeutet, jeder Ihrer Handlungen durch Achtsamkeit und Aufmerksamkeit einen besonderen Wert zu geben. Zelebrieren heißt zu leben wie in einer ständigen Teezeremonie: Jeder einzelne Handgriff ist bedeutungsvoll. Zelebrieren Sie einfach nur den Augenblick und fühlen Sie, dass Sie wirklich leben. Zwingen Sie sich zu nichts mehr, außer dazu, sich zu nichts zu zwingen.

Schenken Sie sich selbst regelmäßig Zeiten, in denen Sie

nichts planen. Genießen Sie es, absichtslos zu sein. Spüren Sie, was der Augenblick von Ihnen möchte. Finden Sie heraus, womit diese Zeit erfüllt sein möchte, welche Qualität ihr innewohnt, die nun nach außen gebracht werden möchte. Lassen Sie sich überraschen von der Art, wie diese am besten zum Ausdruck gebracht werden kann. Nehmen Sie sich Zeit und Raum für das Ungewohnte und Neue. Zur Kunst des Genießens gehört die Gabe, aus allem etwas ganz Besonderes zu machen. Seien Sie offen für ungewöhnliche Begegnungen, Geschenke und Überraschungen – und es wird geschehen.

Gestalten Sie auch Ihre Wohnung so, dass Wohnen zum Genuss wird. Das ist dann heilsames Wohnen: Wohnen als Therapie, Balsam für Körper, Geist und Seele. Gestalten Sie auch den Platz, an dem Sie täglich viele Stunden arbeiten, persönlich mit schönen Bildern, Pflanzen und frischen Blumen. Schaffen Sie um sich eine lebensfrohe, aufbauende Atmosphäre, in der Leben und Arbeiten Freude bereiten und Sie das Gefühl haben, ganzjährig Urlaub zu haben.

Machen Sie Freundlichkeit und Aufgeschlossenheit zu Ihrer ständigen inneren Haltung. Erwarten Sie nicht, dass die anderen Menschen auch so sind. Seien Sie ganz einfach freundlich, weil Sie sich dann wohler fühlen. Kultivieren Sie einen angenehmen Umgang und Lebensstil. Zelebrieren Sie Ihr Leben als Lebenskünstler – als einen Menschen, der ein Meister ist in der »Kunst zu leben«. Sein Leben bewusst zu führen, das ist eine Kunst. Bewusste Lebensführung, Selbstachtung und Achtsamkeit – in jeder Sekunde Ihres Alltags – gehen Hand in Hand.

Selbstachtung heißt achtsam zu sein in dem, was mir widerfährt, und in dem, was ich als stimmig und zu meinem Leben dazugehörig betrachte. Im Einklang mit dem Gesetz der Selbstachtung zu leben bedeutet sich zu achten und achtsam im Umgang mit sich und anderen und für das große Ganze zu sein.

## Das Gesetz der Selbstachtung auf einen Blick

- Selbstachtung ist die Voraussetzung zur Achtung anderer.
- Der Grad an Achtung, den man Ihnen entgegenbringt, entspricht dem Grad an Selbstachtung, den Sie sich selbst erweisen.
- Nichts ändert sich, es sei denn, Sie ändern sich.
- Lernen Sie, die Selbstachtung zu steigern durch Selbstannahme und Eigenverantwortung.
- Sie sind eingeladen, die »Kunst des Genießens« zu praktizieren.
- Lernen Sie die »Kunst des Zelebrierens«.
- Bewusste Lebensführung, Selbstachtung, Achtsamkeit in jedem Augenblick gehen Hand in Hand.

# 6. Das Gesetz der Selbstliebe

Im Einklang mit sich und seinen Mitmenschen und der Mitwelt zu leben und sich und andere in Harmonie liebevoll anzunehmen – das führt zum Einklang mit dem Gesetz der Selbstliebe. Ein Mensch, der sich selbst liebt, liebt auch andere. Er liebt das Leben, er liebt die Tiere, er liebt seine Mitwelt, er liebt die Umwelt, er liebt diesen Planeten. Und diese große Selbstliebe, die alles einschließt, liebt das Ganze und setzt sich darum aus heißem Herzen verantwortungsvoll dafür ein. Selbstliebe ist die Voraussetzung für Nächstenliebe. Wenn Sie selbst keine Liebe für sich und damit keinen Überschuss haben, wie wollen Sie dann etwas für einen anderen übrighaben?

Selbstannahme und Selbstliebe sind die Voraussetzung für ein Leben in Harmonie und Frieden. Es beginnt immer bei einem selbst, also bei Ihnen. Je mehr Sie sich selbst bedingungslos annehmen und lieben können, desto größer ist Ihre Liebesfähigkeit dem Nächsten und der Welt gegenüber. Spüren Sie die Kraft und zugleich die Verantwortung, die in dieser Erkenntnis liegen? Wenn Sie ein Leben in höchster Selbstverantwortung führen wollen, das Kreise zieht, dem Nächsten und dem großen Ganzen wirklich dient, dann fangen Sie bei sich selbst an. Entdecken und entwickeln Sie Ihre Selbstliebe, bringen Sie es zur Meisterschaft in Selbstliebe. Das hat nichts mit Egoismus zu tun. *Selbst*liebe heißt sich als eins mit der *einen Kraft* zu erfahren und dieses reine *Selbst*, das Sie in Wahrheit sind, zu ehren, zu würdigen und zu lieben.

Das machen Sie nun am besten einmal ganz praktisch. Lieben Sie sich selbst? Schauen Sie doch einmal in den Spiegel. Ihr Gesicht zeigt sehr deutlich, wie es bei Ihnen mit der Selbstliebe aussieht, und ob in Ihnen wirklich ein *Selbst* oder ein Ego wohnt:

- Wer schaut Sie da im Spiegel an?
- Wen sehen Sie?
- Was sehen Sie, wenn Sie genau hinschauen?

Ab dem 40. Geburtstag ist jeder Mensch für sein Gesicht verantwortlich. Bis zu diesem Zeitpunkt dominieren Erbgut und Mitgebrachtes Ihr Aussehen. Spätestens ab 40 zeigt Ihr Gesicht schonungslos, ehrlich und offen, wie Sie gelebt haben und wes Geistes Kind Sie sind. Eine liebevolle Haltung sich selbst und anderen gegenüber spiegelt sich in Ihrem Gesicht wider. Ihr Gesicht zeigt, was und wie Sie schwerpunktmäßig den lieben langen Tag über sich und die Welt denken, welche Rede Sie führen, welche Handlungen von Ihnen ausgehen.

Schauen Sie nun noch einmal in den Spiegel und fragen sich ganz neugierig und selbstkritisch:

- Was zeigt mein Gesicht?
- Trägt mein Gesicht liebevolle Gesichtszüge?
- Strahlen die Augen?

- Liegt ein weiser, gütiger Ausdruck auf meinem Gesicht?
- Wie sind die Lippen – ein zusammengekniffener Strich oder entspannt lächelnd?
- Wie sind die Mundwinkel? Hängend oder aufwärts gerichtet?
- Kann ich Lachfältchen entdecken?
- Möchte ich mit diesem Menschen, der mich anschaut, befreundet oder sogar verheiratet sein?
- Lieben Sie diesen Menschen, der Sie in diesem Moment im Spiegel anschaut, bedingungslos?
- Wenn ja, was lieben Sie besonders an diesem Menschen/ sich selbst?
- Was lieben Sie nicht?
- Und warum lieben Sie das nicht?
- Was müsste anders sein, um Selbstliebe empfinden zu können?
- Was können Sie tun, damit Sie sich selbst lieben können?
- Wie sehen die Schritte aus?
- Wann beginnen Sie?

Selbstliebe und Selbstfürsorge gehen Hand in Hand. Gehen Sie gut mit sich um. Erweisen Sie Ihrem »Körpertempel« Respekt und Zuwendung, dann bereitet es Ihrem Geist und Ihrer Seele Freude, darin zu wohnen. Ein Mosaikstein dabei ist die gesunde Ernährung. In einem Zustand, der im Einklang mit dem Gesetz der Selbstliebe ist, füttern Sie nicht das »Raubtier« in sich, sondern nähren den Gott in Ihnen. Ein »Raubtier« stopft ganz schnell im Stehen an der Imbissbude eine Currywurst mit Pommes in sich hinein oder schaufelt gedankenverloren vor dem Fernseher eine Tüte Chips in den Mund und »säuft« dazu drei Bier.

Ein Leben im Einklang mit dem Gesetz der Selbstliebe ermutigt Sie, das Göttliche in sich zu ehren, zu würdigen und zu feiern. Zelebrieren Sie Ihr Essen. Decken Sie zu den Mahlzeiten den Tisch ein mit einem Tischtuch, schönem Geschirr, Blumen und Kerzen – eine einladende Tafel. Gönnen Sie sich diesen schönen Anblick, diese stimmungsvolle Atmosphäre, auch und gerade nur für sich selbst. Fühlen Sie sich wert, dass Sie jede Mahlzeit in einem angenehmen Rahmen einnehmen dürfen.

Interessant ist das Wort Mahlzeit. Sie vermählen sich mit dem Mahl und werden so zu dem, was Sie essen. Der Volksmund sagt es so schön: »Man ist, was man isst.«

Gesunde Ernährung ist ganz einfach und folgt einigen wenigen Regeln:

- Leben Sie im Einklang mit den natürlichen Rhythmen. Der Körper ist tagsüber bereit zur Nahrungsaufnahme, nachts schläft er.
- Am Morgen ist das Gesündeste, bis 12 Uhr nur Obst zu sich zu nehmen. Zur Mittagsstunde folgt dann die erste richtige Mahlzeit. Ab 18 Uhr schaltet der Körper auf Nahrungsverwertung um und sollte darum keine weitere Zufuhr erhalten.
- Nehmen Sie täglich zwei bis drei Liter reines und stilles Wasser zu sich.
- Achten Sie auf eine gute Verdauung und regelmäßigen Stuhlgang (ein- bis zweimal täglich).

- Kauen Sie gründlich.
- Essen Sie nur, wenn Sie tatsächlich Hunger haben. Naschen und Essen aus Langeweile sind dem Organismus und der Figur abträglich.
- Wenn Sie aufgeregt, wütend und nervös sind, sollten Sie nicht essen. Für die physiologisch optimale Nahrungsaufnahme ist ein ruhiger entspannter Gemütszustand Voraussetzung.
- Geben Sie einer leichten Kost und vegetarischer Nahrung den Vorzug. Wählen Sie schwerpunktmäßig Frischkorngerichte, Obst, Salat und Gemüse – am Besten roh aus biologischem Anbau oder noch besser frisch aus dem eigenen Garten.
- Greifen Sie zu Gewürzen und Kräutern. Sie geben den Speisen eine besondere Note, die Würze. Zugleich enthalten Sie vielfältige Vitamine, Mineralien und Spurenelemente (Eisen, Kalzium, Kalium, Magnesium, Selen, Zink etc.), Enzyme und natürliche Hormone.
- Achten Sie auf Entsäuerung und basenbildende Ernährung. Meiden Sie denaturierte Fette (gehärtete Fettsäuren, Transfette) und Säurebildner: kohlensäurehaltige Getränke, Limonaden, Kaffee, Alkohol, Zucker, Schokolade, Fleisch, Wurst, Weißmehlprodukte wie helles Brot, Brötchen, Kekse, Kuchen.
  Essen Sie naturbelassene Fette (kaltgepresste Öle) und basenbildende Nahrungsmittel: Kartoffeln, Gemüse, Salate, Obst, stilles Wasser, Kräutertee, Mandeln, Nüsse, Kürbis- und Sonnenblumenkerne.
- Verzichten Sie auf Fertiggerichte, frittierte Gerichte und

auf den Einsatz der Mikrowelle. Derartige Mahlzeiten sind Sättigungsmittel, aber keine Lebensmittel.

- Nehmen Sie regelmäßig Vitalstoffe. Unsere Böden enthalten nur noch zehn Prozent der Mineralien wie sie noch im 19. Jahrhundert natürlich enthalten waren. Zugleich benötigen wir – bedingt durch die starke Nervenanspannung, Stress und Umweltbelastung – die fünf- bis zehnfach höhere Menge an Vitaminen als unsere Vorfahren. Ohne Zufuhr von Vitaminen, Mineralien und Spurenelementen können Ihre Vitalität und Ihr Wohlbefinden gefährdet sein. Ich lege Ihnen insbesondere Vitamin C (naturrein) und OPC (oligomere Procyanidine) ans Herz. OPC wird aus rotem Traubenkernextrakt gewonnen. Es ist ein natürliches Antioxydans und ein Fänger der sogenannten Freien Radikalen und wirkt als Zellschutz und Anti-Aging-Vitamin.
- Bauen Sie Ihr Übergewicht ab, erreichen und halten Sie Ihr Idealgewicht.
- Stoppen Sie das Rauchen. Der Verzicht auf Nikotin schenkt Ihnen ein Plus an wertvollen und gesunden Lebensjahren.

Die gesunde Ernährung wird ergänzt durch weitere wichtige Aspekte der gesunden Lebensgestaltung. Führen Sie ein bewegtes Leben. Täglich eine Stunde zügiges Gehen oder Wandern an der frischen Luft – auch im Winter – sind ein natürlicher Jungbrunnen für den Gesamtorganismus. Sie trainieren damit das Herz-Kreislaufsystem, die Atemwege und den gesamten Bewegungsapparat. Dadurch beugen Sie auf einfache und kostenlose Art und Weise Herz-Kreislauferkrankungen (Bluthochdruck, Herzinfarkt, Schlaganfall), Erkrankungen des Bewegungsapparates (Osteoporose, Arthrose, Rheuma) sowie Fettleibigkeit vor.

Außerdem hebt Bewegung die Laune und verhindert depressive Verstimmungen. Dies geschieht durch den natürlichen Abbau von Stresshormonen (insbesondere Adrenalin) durch die Muskelbewegung. Außerdem kommt es zur Ausschüttung von Gute-Laune-Hormonen. Durch die Bewegung in der freien Natur und den Kontakt mit UV-Strahlen (Sonnenlicht) wird Serotonin freigesetzt. Es arbeitet als Stimmungsaufheller und schenkt Glücksgefühle. Als Balsam für die Seele wirken auch die Farb- und Sinneseindrücke in der Natur: das Grün der Bäume, das Blau des Himmels, die bunte Farbenpracht von Blumen und Blüten, das Vogelgezwitscher und das Plätschern eines Baches oder Rauschen des Meeres.

Die moderne Hirnforschung zeigt, dass Bewegung nicht nur auf das Herz-Kreislaufsystem und die Muskulatur einen positiven Einfluss ausübt, sondern auch auf das Nervensystem. Früher gingen die Naturwissenschaftler davon aus, dass die Nervenzellen nicht nachwachsen können und nur eine bestimmte Lebensdauer haben – ein Wettlauf mit dem Hirntod, der in der Sekunde der Geburt startet. Neueste Erkenntnisse (Forschungen an der Psychiatrischen Uniklinik Ulm, Professor Dr. Manfred Spitzer) zeigen dagegen auf, dass Nervenzellen sehr wohl nachwachsen können. Eine gesunde Lebensführung, insbesondere mit sportlicher Bewegung, bewirkt, dass neue Nervenzellen gebildet werden. Dies kann sogar in einem solchen Ausmaß erfolgen, dass die Zahl der neuen Nervenzellen der der abgestorbenen überwiegt.

Stress ist zum Beispiel ein »Nervenkiller«. Darum eröffnen Entspannung, gesunde Ernährung und gesunde Bewegung das Tor zu einem langen gesunden Leben bei geistiger Fitness, jenseits von Alzheimer und Gebrechlichkeit. Die Ulmer Forscher haben auch herausgefunden, dass Walken in der freien Natur, insbesondere im Wald, eine ganz andere Wirkung auf das Gehirn hat als Training auf dem Laufband. Das sture Herunterspulen von Kilometern auf dem Laufband während Sie auf einen Bildschirm starren, bringt Ihren Nervenbahnen nichts. Bei dieser Form des domestizierten Laufens schaltet Ihr Gehirn nämlich auf Automatik.

In der freien Wildbahn, beim Laufen und flotten Wandern durch Wald und Wiesen oder hügeligem Gelände geht das Gehirn jedoch in Hochleistungsmodus: Es muss jeden Schritt genau berechnen – je nach Gelände, Bodenbeschaffenheit, möglichen Hindernissen und Gefahrenstellen. Durch dieses Bewegungstraining in der Natur wird gleichzeitig das Gehirn optimal trainiert und im wahrsten Sinn des Wortes Schritt für Schritt neue Nervenbahnen gebildet. Bewegung hält Sie körperlich und geistig beweglich bis ins hohe Alter.

Erweisen Sie sich Selbstliebe, indem Sie gut und achtsam und liebevoll mit sich umgehen. Ein Mensch, der natürlich gesund lebt, der spürt sich, er nimmt sich wahr. Er kennt seinen Körper und dessen Bedürfnisse und pflegt ihn fürsorglich. Das ist ein entscheidender Schritt zum Leben im Einklang mit dem Gesetz der Selbstliebe.

Wenn Sie so leben, begegnen Sie anderen Menschen ganz automatisch auf Herzensebene. Der Schlüssel zum Herzen anderer Menschen öffnet drei Weisheitspforten:

- Nehmen Sie mit dem anderen Menschen liebevoll Blickkontakt auf und entdecken Sie etwas, was Ihnen an diesem Menschen wahrhaftig gefällt. Während Sie mit ihm sprechen und Blickkontakt halten, lassen Sie Ihre Aufmerksamkeit liebevoll auf diesen positiven Aspekt gerichtet.
- Machen Sie sich bewusst, dass auch dieser Mensch ein liebendes Herz hat und es in seinem Leben Menschen und Dinge gibt, denen er seine Liebe zeigt.
- Spüren Sie während der Begegnung mit diesem Menschen Ihr eigenes Herz und öffnen Sie sich für das Herz des anderen.

Ein Mensch, der getragen ist von *Selbst*liebe, fühlt sich kostbar und wertvoll. Er kennt die »Gesetze des Wohlstandes« und lebt im Einklang mit ihnen:

- Das Universum besitzt alles im Überfluss.
- Das Universum ist bereit, seine Fülle mit Ihnen zu teilen, Ihnen *alles* zu geben. Sie brauchen es nur »in Erscheinung zu rufen«.
- Alles beginnt mit einer Idee. Eine nicht umgesetzte Idee ist eine verschenkte Möglichkeit.
- Das Leben reagiert auf Ihre Anweisungen. Situationen, Begegnungen, Schicksal, Umstände, Zufall, Geld – alles folgt Ihren Anweisungen.

Was ist »Wohlstand«? Wohlstand ist, wenn alles wohl steht. Wer ist »vermögend«? Vermögend ist, wer viel vermag. Wer ist »erfolgreich«? Als Schöpfer sind wir immer erfolgreich. Weil auf eine Ursache immer eine Wirkung erfolgt, egal ob wir diese so, wie sie in Erscheinung tritt, beabsichtigt haben. Auch Sie können »Wohlstandsbewusstsein« und damit ein erfülltes Leben entwickeln. Der Schlüssel dazu ist die Tatsache, dass in unserem Bewusstsein immer nur ein Gedanke gleichzeitig sein kann. Das ist eine Begrenzung, aber auch eine wunderbare Chance. Diese Chance eröffnet sich, wenn Sie dafür sorgen, dass es der richtige Gedanke ist.

Wohlstandsbewusstsein zu entwickeln beginnt damit, dass Sie das Mangelbewusstsein loslassen. Dies geschieht durch die Erkenntnis, dass Sie von Fülle umgeben sind, die nur darauf wartet, für Sie in Erscheinung zu treten. Was für Sie in Erscheinung treten will, kann aber nur durch Sie Wirklichkeit werden. Sobald Sie das erkannt haben und wissen, dass in Wirklichkeit alles wohl steht, dann brauchen Sie nur im Einklang mit dem Gesetz der Selbstliebe zu sein und sich innerlich dafür zu öffnen, sich wert zu fühlen es auch anzunehmen. Damit treten Sie in das Wohlstandsbewusstsein ein.

Mangelbewusstsein besteht darin zu glauben, etwas müsse im Außen geändert, verbessert, optimiert werden. Damit lebe ich im Mangel. Solange ich das glaube, muss der Mangel auch im Außen sichtbar bleiben. Auf was es ankommt, ist die Änderung des Bewusstseins, auf die Veränderung Ihrer Gedanken, Ihrer Glaubenssätze, Ihrer »inneren Formel«. Denn der Glaube schafft in Verbindung mit Phantasie (Träumen, Visionen) und Imagination (Vorstellungskraft) Ihre Realität.

Sie möchten wissen, ob Sie begrenzende Vorstellungen in sich tragen?

Nehmen Sie einmal bewusst wahr, was Sie in diesem Augenblick zu sich sagen, welchen Gedanken und Gefühlen Sie gerade beipflichten. Dadurch, dass Sie ihnen zustimmen, gestatten Sie ihnen, dass Sie in Kürze als Umstand und Ereignis in Ihrem Leben in Erscheinung treten.

Lebensumstände sind die Vereinigung von Gedanke und Wort! Die Gedanken und Worte, die gewohnheitsmäßig dominieren, bestimmen über Ihr Leben. Wollen Sie Ihr Leben ändern, müssen Sie Ihre Glaubenssätze ändern, Ihr inneres Reden kontrollieren und Ihre tatsächlich gesprochenen Worte bewusst wählen. Die meisten Menschen sind sich Ihres inneren Redens gar nicht bewusst und erkennen diese daher nicht als die Ursache ihrer Lebensumstände.

Jedes innere Wort und jedes gesprochene Wort ist aber ein Baustein Ihres Schicksals, das genau das zu Ihnen bringt, was es beinhaltet. Sobald Sie entdecken, dass Ihre Welt der sichtbare Ausdruck Ihrer Gedanken ist, denen Sie über das Wort die Form geben, werden Sie zum Herrn Ihres Schicksals.

Gehen Sie darum in Gedanken Ihre verschiedenen Lebensbereiche durch und schreiben Sie auf, was Sie wirklich darüber glauben und wovon Sie zutiefst überzeugt sind. Schreiben Sie diese Vorstellungen und Überzeugungen auf die linke Seite eines Blattes, beziehungsweise von so vielen Blättern, wie Sie benötigen. Auf die rechte Seite schreiben Sie dann die entsprechende neue Überzeugung, die Ihrem jetzigen Wertmaßstab entspricht. Es ist wichtig, sehr genau zu sein, denn die *eine Kraft* füllt alle Gedankenformen aus und bringt sie in die Wirklichkeit. Die perfekten ebenso wie die unvollkommenen. Worauf es ankommt, ist sehr klar zu sagen, was Sie wirklich wollen und welche neuen Glaubenssätze und Überzeugungen ab sofort in Ihrem Leben Gültigkeit haben. Diese Übung zeigt auch den Grad Ihrer Selbstliebe. Lieben Sie sich so sehr, dass Sie positiven Glaubenssätzen entsprechend viel Raum geben?

Nachfolgend ein Beispiel für eine solche Übung:

| Alte Überzeugungen | Neue Überzeugungen |
|---|---|
| 1. Man kann im Leben nicht alles erreichen. | 1. Ich erreiche im Leben, was immer ich erreichen will. |
| 2. Es ist schwer, gute Freunde zu finden. | 2. Ich bin selbst ein guter Freund und finde viele Freunde. |
| 3. Man kann sich nicht alle Wünsche erfüllen. | 3. Ich erfülle mir jeden Wunsch, der mir wirklich wichtig ist. |
| 4. Erfolg zu haben ist mühsam. | 4. Erfolgreich sein macht Freude. |
| 5. Krankheiten sind nun mal unvermeidbar. | 5. Die Harmonie meines Bewusstseins bestimmt meine Gesundheit. |
| 6. Man wird im Leben immer wieder enttäuscht. | 6. Ich gestalte frei die Umstände meines Lebens. |
| 7. Man kann nicht immer so, wie man will. | 7. Es geschieht immer genau das, was ich verursache. |
| 8. Seinem Schicksal kann man nicht entrinnen. | 8. Ich bestimme mein Schicksal selbst. |
| 9. Mit dem Alter kommen die Beschwerden. | 9. Man ist so jung, wie man sich fühlt. |

Beschreiben Sie die neue Überzeugung mit wenigen, aber bildhaften Worten. Sie dürfen präzise, vollständig und klar sein. Wichtig ist auch die positive Formulierung. Ein Beispiel: »Mein Mut wächst von Tag zu Tag« (richtig), statt »Meine Angst wird täglicher kleiner« (falsch). Beschreiben Sie den erwünschten Endzustand in der Gegenwartsform und formulieren Sie positiv (ohne Verneinungen). Ein Beispiel: »Ich erreiche sicher, was immer ich will« (richtig), statt »Ich habe keine Schwierigkeiten, mein Ziel zu erreichen« (falsch). Beim Formulieren verzichten Sie auf Absichtserklärungen wie »Ich will, ich möchte, ich werde«. Je einfacher, kraftvoller und bildhafter Sie formulieren, desto klarer entsteht das geistige Bild vor Ihrem Auge.

Machen Sie sich Ihre neuen Überzeugungen immer wieder bewusst. Stellen Sie sich alles auch bildhaft vor und erfüllen Sie sich mit Dankbarkeit und Freude, dass Sie alles jederzeit neu bestimmen können. Wiederholen Sie das mehrmals täglich mindestens einen Monat lang. Prüfen Sie, ob Sie noch eine Beziehung zu Ihren früheren Einstellungen haben. Wenn die neuen Einstellungen noch nicht klar dominieren, machen Sie noch einen Monat und wenn es sein muss noch länger weiter.

Schaffen Sie sich auch dort positive Glaubenssätze, wo Sie vielleicht keine negativen Muster vorfinden. Nachfolgend einige Beispiel für hilfsreiche Affirmationen, die Ihre Selbstliebe fördern und stärken:

- Es gibt immer eine Lösung.
- Ich kann diese Aufgabe *jetzt* lösen.

- Ich bekomme immer rechtzeitig alles, was ich wirklich brauche.
- Das Leben bietet mir viele Möglichkeiten, dem Ganzen zu dienen und dabei meine Erkenntnisse und auch mein Einkommen beliebig zu steigern.
- Ich bin dankbar für einen endlosen Strom praktischer Ideen, die das Leben mir schickt, um immer erfolgreicher zu werden.
- Alles will mir nur dienen und helfen.
- Ich erkenne und nutze meine Chancen.

Überprüfen Sie immer wieder Ihre Glaubenssätze und erfinden Sie ständig weitere, die Ihrem »inneren Maßstab« entsprechen:

- Das Leben ist ein Spiel und macht Freude.
- Die Welt bietet mir überall Fülle.
- Es gibt grenzenlos viele interessante Möglichkeiten in meinem Leben.
- Erfolg und Geld zu haben ist gut.
- Ich bin von Natur aus ein Gewinner.

Reden Sie sich das nicht ein, sondern erkennen Sie, dass es in Wirklichkeit so ist. Es kann sich in Ihrem Leben aber erst zeigen, wenn Sie es sich bewusst machen und wirklich glauben. Dazu gehört auch, dass Sie achtsam mit Ihren Worten im Gespräch mit anderen sind. Beim Einüben neuer Glaubenssätze ist es wichtig, sich von Zweiflern, »Miesmuscheln« und den Menschen fernzuhalten, die noch mit den alten Denkmuster und Glaubenssätzen im Leben unterwegs sind. Hilfreich kann es auch sein, sich einmal bewusst zu machen, wie erfolgreich Sie bisher schon waren und was Sie alles schon erreicht haben in Ihrem Leben und wie unendlich reich Ihr Leben derzeit schon ist.

Mit kraftvollen, positiven neuen Glaubenssätzen räumen Sie sehr schnell mit Ihrem Mangelbewusstsein auf und schaffen damit Platz für ein umfassendes Wohlstandsbewusstsein. Lassen Sie sich nicht täuschen, dass es einfach sein soll. Es *ist* einfach, aber das Wissen genügt nicht, man muss es auch *tun*. Ein Gedanke benötigt allerdings etliche Wiederholungen, bevor er »wirklichkeitsverändernde Spuren« in Ihrem Bewusstsein hinterlässt. Es reicht nicht aus, sich ein- oder dreimal mit einer Sache zu befassen. Der berühmte Henry Ford hat einmal gesagt: »Eine Sache entwickelt sich wie von selbst, wenn man *ständig* daran denkt und damit befasst ist.« Wenn Sie ein erfülltes Leben führen und Erfolg unvermeidbar machen wollen, dann schaffen Sie sich durch ständiges zielgerichtetes Denken und Selbstliebe das Bewusstsein eines Erfolgreichen, der ein erfülltes Leben führt und genießt.

Auf der materiellen Ebene tritt das in Erscheinung als:

- Wohlstand
- Erfolg
- Ansehen
- Macht
- Charisma

Auf der körperlichen Ebene als:

- Gesundheit
- Vitalität
- Wohlgefühl
- Leichtigkeit
- Kraft

Auf der seelischen Ebene als:

- Lebensfreude
- Harmonie
- Ausgewogenheit
- Glück
- Liebe
- Freiheit
- Frieden
- Demut
- Gnade

Auf der geistigen Ebene als:

- Bewusstseinsbildung
- Bewusstseinsentfaltung
- Beruf als Berufung
- Schöpferische Kraft
- Intuition
- Kreativität
- Erkenntnis

- Weisheit
- Wissen

Zur Selbstliebe und zum Wohlstandsbewusstsein gehört auch, dass Sie Ihr Verhältnis zur Arbeit überprüfen. Zu »arbeiten« ist ein Erfolgshindernis. Sollten Sie sich dabei ertappen, dass Sie noch arbeiten, dann dürfen Sie das schleunigst ändern. Menschen, die arbeiten, können nicht erfolgreich sein – wirklich erfolgreich.

Sie wollen erfolgreich sein und ein Leben in höchster Selbstverantwortung genießen? Dann hören Sie auf zu arbeiten. Fangen Sie vielmehr sofort an, das zu tun, was Ihnen wirklich Freude macht. Was einen mit Freude erfüllt, das tut man in der Regel auch gut. Das was man gut tut, das wird auch gut bezahlt. Zum Verständnis: Arbeit ist alles, was keinen Spaß macht, sonst wäre es ja Freude. Und wer schaut bei der Freude auf die Uhr? Für Freude gibt es auch keinen Feierabend, keinen Urlaub und keine Rente. Urlaub haben Sie dann ohnehin immer. Wenn Ihnen also Ihre Tätigkeit keinen Spaß macht, dann machen Sie noch etwas falsch. Und das sollten Sie verändern.

Täglich acht Stunden lang zu arbeiten in einem Beruf, der nicht Berufung ist und zu Ihrer Lebensaufgabe gehört – das ist Zeitverschwendung. Sie vergeuden Ihr Leben. Diese Art Leben zeugt von mangelnder Selbstliebe. Schauen Sie beim Punkt Arbeit genau hin. Führen Sie eine Änderung herbei, wenn *not*-wendig. Das heißt nicht, gleich alles fallen zu lassen, was Sie gerade arbeiten und nur noch zu tun, wozu Sie gerade Lust haben. Diese Art Leben würde bald zur Last werden. Prüfen Sie vielmehr, welche Tätigkeit in Ihrem Leben nur noch »Arbeit« ist, und machen Sie sich bewusst, was Sie viel lieber täten, und *schaffen* Sie sich die Möglichkeit, genau das zu tun.

Der erste Schritt auf dem geistigen Weg vom Beruf zur Berufung (= dem Ruf Ihrer Bestimmung zu folgen) heißt, zunächst einmal in Besitz zu nehmen und sinnvoll einzusetzen, was Sie bereits erreicht haben. Die nachfolgenden Punkte helfen Ihnen dabei:

- Was kann ich besonders gut?
- Welche Fähigkeiten, Talente und Kräfte habe ich? Denn da, wo meine Gaben liegen, da liegen auch meine Aufgaben!
- Was macht mir besonders Freude?
- Was sind meine Hobbys?
- Was sind meine Wünsche?
- Was möchte ich den ganzen Tag lang tun?
- Was »beg*eiste*rt« mich so richtig?
- Was würde ich auch (weiter) tun, wenn ich ab sofort 10 000 Euro Rente jeden Monat bekäme?
- Welche Ausbildung habe ich?
- Welche Ausbildung/Weiterbildung sollte ich noch haben?
- Welche Lektionen hat mich das Leben gelehrt?
- Von welchen begrenzenden Vorstellungen sollte ich mich lösen?
- Welche Chancen bietet mir das Leben, das zu tun?
- In diesem Augenblick?
- In Zukunft?

- Auf welchen Platz hat mich das Leben gestellt?
- Wie kann ich diesen Platz noch besser ausfüllen?
- Was sollte ich lernen?
- Was sollte ich besser verlernen?
- Wenn ich mein Leben von vorne beginnen könnte, was würde ich (anders) machen?
- Kann ich jetzt noch eine Kurskorrektur einleiten?
- Was wäre mein Wunschtraum?
- Wie sieht mein beruflicher »erwünschter Endzustand« aus?
- Wie sieht meine berufliche Wunschbiographie aus?
- Welche Konsequenzen ergeben sich daraus?
- Was würde ich unter diesen Umständen meinem besten Freund raten?
- Was hindert mich eigentlich noch, genau das zu tun?
- Wann bin ich bereit, zu beginnen?

Machen Sie sich zum »Chef Ihres Lebens«. Spielen Sie in Ihrem Leben die Hauptrolle! Haben Sie sich schon einmal gefragt, wer Ihr Chef ist? Auch Selbstständige haben einen Chef. Sogar wenn Sie arbeitslos oder Rentner sind, haben Sie einen Chef. Bei manchen ist der Chef ihre Bequemlichkeit. Bei anderen die Gewohnheit. Finden Sie diesen »inneren Chef« und prüfen Sie, ob Sie ihn weiter als Chef annehmen wollen. Sie dürfen sich bewusst machen: »Alle Dinge sind würdig, mir zu dienen, aber keines ist wert, mein Herr zu sein.« So reift allmählich die Erkenntnis, nie mehr zu »müssen«, sondern ab sofort nur noch zu »dürfen« und zu »können«.

Lassen Sie sich Zeit und stellen Sie Ihr Leben gründlich

um, so dass Sie wirklich Chef in Ihrem Leben sind und die gewählte Tätigkeit zur Lust wird, zu einem erfüllenden Ritual, mit dem Sie sich *selbst* immer näher kommen. Mit dieser Einstellung gehen Sie auch nie in Pension oder Rente, denn weshalb sollten Sie die Erfüllung Ihres Lebens mit einem bestimmten Alter beenden? Erfüllung können Sie nur finden, wenn Sie Ihre Berufung erkennen, annehmen und erfüllen. Der Beruf sollte etwas sein, *wofür* Sie leben und nicht etwas, wovon Sie leben. Keiner kann in seinem Beruf erfolgreich sein, wenn er sein Tun nicht liebt, wenn Beruf und Berufung nicht identisch sind, der Selbstverwirklichung dienen und dem großen Ganzen nützen.

Machen Sie sich bewusst, dass Sie in dieses Leben gekommen sind, um in Wohlstand zu leben. Zum Wohlstand gehört, dass es in allen Ihren Lebensbereichen wohl steht. Nehmen Sie einen Bereich nach dem anderen unter die Lupe und beseitigen Sie jeden Mangel. *Jeden*. Das Wort »mangelhaft« ist auch sehr interessant. Solange Ihre gewohnheitsmäßigen Gedanken dem Gedankenmuster des Mangels folgen, bleiben Sie dem Mangel verhaftet. Situationen des Mangels und auftauchende Fehler (= das, was Ihnen fehlt) zeigen sich dann in Ihrem täglichen Leben. Dabei wird Ihnen ein mangel*haft*es Leben so vorkommen, als seien Sie in Haft: Sie sind Gefangener Ihres Schicksals, von dem Sie annehmen, dass Sie diesem nicht entrinnen können. Einem mangelhaften Leben können Sie aber entkommen. Es beginnt immer bei Ihnen selbst, in Ihrem Inneren. Sie haben den Schlüssel zu Ihrem eigenen Kerker in der Hand. Sie haben sich durch Ihr Denken, Reden und Handeln in die Mangel-*Haft* gebracht, und nur Sie können sich auch befreien. Folgende Schritte sind dabei hilfreich:

- Leben Sie jeden Tag, jede Sekunde ganz bewusst in Dankbarkeit.
- Wählen Sie *jeden* Gedanken ganz bewusst.
- Wählen Sie jedes Wort, das aus Ihrem Mund kommt, ganz bewusst.
- Beenden Sie jegliche Schuldzuweisung.
- Hören Sie sofort auf mit Jammern, Nörgeln und Klagen.
- Gehen Sie in die Eigenverantwortung.
- Setzen Sie sich die richtigen Ziele.
- Entdecken und entfalten Sie Ihre Selbstliebe.
- Segnen Sie jeden Augenblick.

Wie weit ist Ihre Selbstliebe bereits gediehen? Prüfen Sie in regelmäßigen Abständen anhand der »Checkliste für ein Leben in Selbstliebe und Wohlstand«, was Sie bereits in Ihrem Leben verwirklicht haben. Mit dieser Bilanz haben Sie eine Basis, die Ihnen Selbstvertrauen, Zuversicht und Rückenstärkung gibt und zugleich die nächsten Schritte und Ziele aufzeigt. Das Erreichte ist das Fundament, auf dem Ihr weiteres Wachstum möglich ist.

Das habe ich bereits in meinen Leben erreicht:

- Gesundheit durch Harmonie des Denkens und Lebens
- Authentisch sein in allen Lebenssituationen
- Ein glückliches Familienleben, eine erfüllte Partnerschaft, eine gelingende Kindererziehung

- Gute und aufbauende Bekannte und Freunde
- Ein Leben in Harmonie mit anderen
- Meinen Nächsten erkennen und anerkennen
- Die Freude, anderen zu helfen
- Jeden so annehmen, wie er gerade ist
- Die Einheit in allem erkennen und erfüllen
- Das Erkennen der Lebensaufgabe, das Ziel, den Weg und die einzelnen Schritte
- Mit Freude jedes gesteckte Ziel erreichen
- Einen Beruf, der wirkliche Berufung ist, ausüben
- Erfolg durch Freude und Hingabe
- Erfolg haben und diesen auch genießen können
- Sich über den Erfolg der anderen freuen können
- Immer genügend Geld haben und weise damit umgehen
- Innere Ruhe und Gelassenheit
- Entspannung von Körper, Geist und Seele
- Gelassenheit
- Selbstbeherrschung
- Mangel als Ausdruck von Disharmonie erkennen, dem falsches Denken und Mangel-Bewusstsein zu Grunde liegt
- Haus und Besitz haben ohne anzuhaften: besitzlos besitzen
- Richtig aus vollem Herzen lachen können
- Freude am Leben haben
- Intelligenz, Klugheit und Weisheit besitzen
- Wahre innere geistige Freiheit haben: nicht frei »von« oder »für« etwas sein, sondern wirklich frei
- Genügend Zeit haben

- Den Augenblick erfüllen
- Schöne Erinnerungen *jetzt* schaffen
- Ein reiches inneres Erleben
- Meditation, Kontemplation, Gebet täglich praktizieren
- Kontakt zum »inneren Meister« haben und halten
- Loslassen können
- Alles als »gleichgültig« (= gleichermaßen gültig) erkennen und anerkennen
- Offenheit
- Bereitschaft zu stetigem Lernen
- Bewusst-Sein
- Ehrlichkeit, auch und gerade sich selbst gegenüber
- Klarheit und Wahrheit
- Erkenntnis der Wirklichkeit hinter dem Schein
- Mit den Jahren immer weiser werden und damit möglichst früh anfangen

Zur Selbstliebe und zum wahren Wohl-Stand gehört auch, den Erfolg nicht um des Erfolges willen zu haben, sondern über den Erfolg zur Erfüllung zu kommen. Der Weg dorthin führt immer über die Freude. Das Wort Erfolg bedeutete ursprünglich nur, dass etwas erfolgt. Es war ein ganz wertneutrales Wort. Erst im 19. Jahrhundert bekam die Vokabel Erfolg eine positive Wertung. Fällt das Ergebnis einer Aktivität gut aus, so wird diese seither als Erfolg gesehen. Erfolg bedeutet auf der Ebene des Egos etwas anderes als auf der Ebene des *Selbst*. Das Ego möchte *haben*: Besitz, Ruhm, Ehre. Das *Selbst* möchte *sein*: Liebe, Weisheit, Güte.

Wichtig beim Erreichen Ihrer Ziele ist, dass die inneren

Kräfte einsgerichtet sind und Ihre Ziele mit den Zielen Ihrer Seele, Ihrem wahren *Selbst* in Einklang sind. Erfolg und die Erfahrung von Glück und Wohlstand (dem inneren Empfinden, dass alles WOHL steht) gehen dann Hand in Hand.

Erfolg ist etwas, das ganz von selbst erfolgt, wenn Sie wirklich »vermögend« sind. Vermögend ist nicht jemand, der viel hat, sondern nur der, der etwas vermag. Wer viel vermag, der ist sehr vermögend. Wenn Sie dafür sorgen, dass Sie in diesem Sinne immer vermögender werden, dann folgt Ihnen der Erfolg. Deshalb heißt er ja Erfolg und nicht Erkämpf oder Erzwing. Laufen Sie dem Erfolg nicht mehr nach, sondern sorgen Sie dafür, dass der Erfolg Ihnen folgt. Erweisen Sie sich Selbstliebe, erwarten Sie den Erfolg und fühlen Sie sich wert, hier und jetzt Erfolg zu haben – in jeder Beziehung. Machen Sie sich bewusst, dass dies eine schöne Welt ist, zu Ihrer Freude geschaffen. Genießen Sie sie!

## Das Gesetz der Selbstliebe auf einen Blick

* Ein Mensch, der sich selbst liebt, liebt auch andere. Die große Selbstliebe, die alles einschließt, liebt das Ganze und setzt sich verantwortungsbewusst dafür ein.
* Selbstliebe ist Voraussetzung für Nächstenliebe.
* Selbstliebe und Selbstfürsorge gehen Hand in Hand.
* Erweisen Sie Ihrem »Körpertempel« Respekt durch gesunde Ernährung und ein »bewegtes Leben« mit Walken und Naturerleben.

- Entwickeln Sie Wohlstandsbewusstsein; lassen Sie Mangelbewusstsein los.
- Überprüfen Sie Ihre inneren Überzeugungen und Glaubenssätze.
- Beleuchten Sie Ihr Verhältnis zur Arbeit und entdecken Sie die Tätigkeit, die wirklich zu Ihnen gehört.
- Gehen Sie den Weg vom Beruf zur Berufung.
- Kommen Sie vom Erfolg zur Erfüllung.

# 7. Das Gesetz des Selbstvertrauens

Selbstvertrauen ist ein wichtiger Schlüssel für ein Leben in höchster Selbstverantwortung. Wenn ich meinem *Selbst*, dem Wesen, das getragen ist von der *einen Kraft*, wirklich vertraue, dann kann ich auch anderen vertrauen. Und dann geht alles ganz von selbst.

Das Wissen um das eigene Selbstbild, Selbstachtung und Selbstliebe führen zu Selbstvertrauen. Selbstvertrauen ist der unerschütterliche Glauben an sich selbst. Nur wenn Sie an sich selbst glauben, strahlen Sie Selbstvertrauen aus. Dieses Selbstvertrauen bewirkt, dass auch andere Vertrauen in Sie haben. Dieser Glaube an sich selbst gründet in dem klaren Wissen, dass Sie sich auf sich *selbst* verlassen können und dass Sie Ihrer inneren Stimme bedingungslos folgen können. Dabei ruhen Sie in der sicheren Gewissheit, dass Sie Ihrem Ruf folgen und Ihre Berufung leben.

Selbstvertrauen, Selbstbewusstsein und Selbstverwirklichung hängen eng zusammen. Selbstverwirklichung heißt, dass Sie der Beste werden, der Sie sein können: in der Entfaltung Ihrer Talente, Ihres ganzen Potenzials und mit allen Fähigkeiten, die Ihnen, den Mitmenschen und dem großen Ganzen dienen. Selbstverwirklichung ist die direkte Folge von Selbstvertrauen. Glauben Sie an sich selbst und an die in Ihnen wohnende *eine Kraft*, dann öffnen sich alle Türen.

Das Selbstvertrauen können Sie mit gezielten Schritten strategisch aufbauen.

## Schritt 1: Sich mögen

Mögen Sie sich? Können Sie locker in den Spiegel schauen und zu sich selbst sagen: »Du bist absolut in Ordnung, wie du bist. Ich mag dich sehr«? Kommt Ihnen dieser Satz mühelos über die Lippen? Ja? Fein, dann schaut es in puncto Selbstvertrauen ganz gut bei Ihnen aus. Wenn nicht, dann dürfen Sie üben. Nehmen Sie sich jeden Morgen beim Waschen und auch während des Tages, jedes Mal, wenn Sie in den Spiegel schauen, diese Übung vor. Blicken Sie sich selbst – Ihrem Spiegelbild – fest in die Augen und sagen: »Ich mag dich«. Diese Übung wiederholen Sie so viele Tage lang, bis Ihnen der Satz nicht nur mühelos von den Lippen kommt, sondern mit dem Feuer der Begeisterung über sich selbst, wie großartig Sie doch sind. Sie dürfen sich selbst als wundervollen Menschen sehen, erkennen und anerkennen.

## Schritt 2: Konzentration auf Stärken

In der Schule lernen wir, auf unsere Fehler zu schauen. In den Klassenarbeiten lobt der Lehrer nicht, wie viele Worte wir richtig schreiben, sondern wie viele wir falsch geschrieben haben. Herkömmliche Trainer arbeiten in derselben Weise. Sie versuchen ständig, an den Schwächen Ihrer Schützlinge zu arbeiten und Fehler zu beseitigen in der Hoffnung, so Spitzenleistungen zu erzielen. Durch diese Betrachtungsweise richtet sich der Fokus auf unsere Mängel und Defizite. Diese Herangehensweise schwächt und setzt so eine Negativspirale in Gang. Die ständige Erinnerung an das, was wir nicht können gleicht einem Dauer-Mantra. Diese Negativsuggestion »Ich bin nicht gut genug« wirkt als Verhinderungsprogramm für Erfolg.

Das Geheimnis der Spitzen-Coaches und der Spitzenkönner liegt in einer neuen Herangehensweise: Konzentration auf Stärken. Finden Sie heraus, was Sie besonders gut können, was Sie – gerade Sie – so einzigartig macht. Werden Sie sich Ihrer Persönlichkeit, dessen, was Ihr Wesen ausmacht, wirklich bewusst. Nehmen Sie sich für diese Selbstanalyse Zeit. Es geht um Sie! Am besten machen Sie das Ganze schriftlich. Folgende Punkte sollten Sie sich anschauen und ehrlich beantworten:

- Was sind meine Stärken im Umgang mit anderen Menschen?
- Was sind meine Stärken im partnerschaftlichen, familiären Bereich?
- Was sind meine beruflichen Stärken?
- Was sind meine Stärken im sozialen Bereich?
- Was sind meine Stärken im handwerklichen Bereich?
- Was sind meine Stärken im künstlerischen Bereich?
- Was sind meine Stärken im spirituellen Bereich?
- Welche Ziele habe ich bereits in meinem Leben erreicht?
- Welche Erfolge und Anerkennungen habe ich erhalten?

- Auf welche zwischenmenschlichen Erfolge bin ich stolz?
- Wofür lohnt es sich zu leben?

In einem zweiten Schritt bitten Sie liebe Menschen, die Sie gut kennen, um Beantwortung dieser Fragen. Ergänzend zu Ihrer eigenen Einschätzung Ihrer Stärken erhalten Sie nun den Spiegel durch Ihr Umfeld. Schauen Sie nun, inwiefern diese Stärke-Analysen deckungsgleich sind.

In einem dritten Schritt finden Sie die Antwort auf drei wichtige Schlüsselfragen des (Ihres) Lebens heraus:

- Was haben andere Menschen davon, dass es mich gibt?
- Welche Gabe (Stärke) ist es, die Sie anderen Menschen und zum Wohle des Ganzen geben können?
- Was ist Ihr Talent, das dazu beiträgt, dass die Welt mit jedem Tag ein wenig licht- und liebevoller wird?

Alle Menschen, die Bestleistungen vollbringen, kennen diesen Schlüssel: Das Wissen um die eigenen Stärken und die Fokussierung darauf setzt riesige Kraft frei. Identifikation mit Stärke stärkt, Identifikation mit Schwäche schwächt. Richten Sie den Blick auf Ihre Begabungen, lesen Sie sich immer wieder Ihre eigene Stärke-Liste und die Stärke-Liste durch, die Ihnen Ihre Liebsten gefertigt haben. Fühlen Sie, wie Ihr Selbstvertrauen dadurch von Tag zu Tag wächst.

## Schritt 3: Vertrauen gewinnen

Gewinnen Sie Vertrauen in sich selbst und in Ihre Kraft und in Ihren Glauben. Je mehr Sie Vertrauen zu sich selbst bekommen, desto mehr Sicherheit bekommen Sie. Diese Sicherheit strahlen Sie auch nach außen. Die Folge: Andere Menschen nehmen diese Sicherheit wahr und vertrauen Ihnen.

## Schritt 4: Grenzen überprüfen

- Welche Grenzen und Begrenzungen akzeptieren Sie?
- Welche Grenzen legen Sie sich selbst auf?
- Welche Grenzen sind Ihnen (scheinbar) auferlegt?
- Welche persönlichen Grenzen erkennen Sie im täglichen Leben?
- Welche beruflichen Grenzen erfahren Sie?

Zu einem Leben im höchsten *Selbst*vertrauen gehört auch die bewusste Entscheidung, wo Sie Grenzen überschreiten wollen und dies auch tun müssen, damit neue Wege sich eröffnen. Dabei hilft die Gabe der Unterscheidungsfähigkeit, die sich in dem bekannten Gebet widerspiegelt: »Herr, schenke mir Gelassenheit, Dinge hinzunehmen, die ich nicht ändern kann; den Mut die Dinge zu ändern, die ich ändern kann; und die Weisheit, das eine vom anderen zu unterscheiden.«

Gehen Sie in die Stille und finden Sie die Klarheit, auf

was Sie Ihr Augenmerk richten sollen. Wo liegt Ihre Bestimmung? Was sind Ihre Träume und Ziele? Ihre Sehnsüchte? Welche Grenzen gibt es, die echt sind und die Sie akzeptieren müssen? Welche Grenzen bilden Sie sich ein oder setzen Sie sich selbst? Was hindert Sie, Ihre Träume zu leben und Ihre Ziele zu erreichen? Die Geschichte der Wissenschaft, der Technik und des Sports ist voll mit Menschen, die das vermeintlich Unmögliche möglich gemacht haben. Man denke an die erste Eisenbahn, das Automobil, den Menschheitstraum vom Fliegen, an den ersten Mann auf dem Mond oder an die immer neuen Sportrekorde. »Alles ist dem möglich, der daran glaubt.« Zum Selbstvertrauen gehört der Glaube an sich selbst, dass man es schaffen wird. Der Glaube versetzt Berge. Mit dem Verstand kann man dies nicht erklären. Es ist vielmehr eine tiefe Sehnsucht im Herzen und ein Bauchgefühl, die einem sagen, dass das Ziel erreichbar ist – auch wenn man noch nicht weiß, wie. Hören Sie auf das, was Ihr Herz und Ihr Bauch sagen. Diese leise Stimme, die Intuition, kommt aus Ihrem Wesenskern, aus dem ganz gewissen Wissen. Wenn Sie diese leise Stimme hören, hinhören und dann gehorchen, werden Ihr Selbstvertrauen und Ihre Sicherheit von Tag zu Tag wachsen. Aus dem Samen sprießt ein zartes Pflänzchen, das mit stetigem Wässern und Hegen heranwächst und schließlich reiche Früchte trägt. Der Schlüssel liegt in Ihren Händen: in Ihrer Entscheidungsfreiheit. Sie haben die Wahl, welche Grenzen Sie akzeptieren und welche nicht.

# Schritt 5: Den Glauben stärken

Glauben Sie an sich selbst. Glauben Sie daran, dass Sie es wert sind, erfolgreich zu sein und dass Sie jetzt bereit sind, den Erfolg/das Gewünschte anzunehmen. Nur das, was wir glauben können, kann auch in unser Leben kommen. Das ist ein geistiges Gesetz. Ihre innere Überzeugung entscheidet darüber, was im Außen in Erscheinung tritt. Wenn Sie überzeugt sind, dass eine Sache nicht funktioniert, dann wird das prompt auch genauso geschehen. Der unerschütterliche Glaube an Sie selbst und Ihren Erfolg ist eine wichtige Voraussetzung für ebendiesen Erfolg.

Bereits vor einigen Jahrzehnten prägte der amerikanische Soziologe Robert Morton den Begriff der »sich selbst erfüllenden Prophezeiung«. Morton erkannte, dass diese Prophezeiungen, die wir uns selbst geben oder von unserer Umwelt annehmen und glauben, in hohem Maße unser Leben bestimmen. Diese Prophezeiungen beeinflussen alle Bereiche unseres Lebens, unsere Gesundheit, unseren beruflichen Erfolg, unsere partnerschaftliche Erfüllung, unsere ganze Entwicklung.

Der Glaube ist die Grundlage aller »Wunder« und »Geheimnisse«, die die wissenschaftliche Logik nicht erklären kann. Glaube ist das Erinnern an die eigene, wahre Natur des Menschen. Wir glauben zu viel an den praktischen Wert des Wissens und wissen zu wenig vom praktischen Wert des Glaubens. Jede Vorstellung, Erwartung oder Hoffnung verändert die Wirklichkeit. Die Erwartung, dass ein Ereignis eintritt, erhöht die Wahrscheinlichkeit des Eintretens tatsächlich. Das zeigt ganz wissenschaftlich der sogenannte Rosenthal-Effekt, benannt nach dem amerikanischen Psychologen Robert Rosenthal. In einer Fülle von Experimenten wies er nach, dass der Experimentator auf das Ergebnis seines wissenschaftlichen Versuchs Einfluss nimmt alleine auf Grund seiner Erwartungen. Das, was er erwartet, tritt mit höherer Wahrscheinlichkeit ein.

Schon Jesus sagte: »Euch geschieht nach Eurem Glauben.« Dieses geistige Gesetz gilt auch heute noch. Darum ist es so wichtig, dass Sie achtsam sind, stets das Richtige zu glauben, denn die Geisteskraft des Glaubens verbindet Sie mit der schöpferischen Urkraft des Universums. Dadurch ist alles möglich. Der Glaube versetzt Berge. Und dann öffnen sich Türen, wo vorher kein (Aus-)Weg zu sehen war. Wissen stellt Tatsachen fest, Glaube schafft Tatsachen. Es gibt zwei Arten von Glauben. Der eine Glaube basiert auf Annahmen, der andere ist in bewusstem Kontakt mit der *einen Kraft*. Im Englischen existieren zwei unterschiedliche Vokabeln: belief (Annahme) und faith (Glaube).

Dieser rückverbundene Glaube (faith) ist eine innere Gewissheit, die nicht von äußeren Beweisen abhängig ist, sondern ein Erkennen und Bejahen der inneren Wahrheit und Wirklichkeit. Wahrer Glaube kann Berge versetzen. Wahrer Glaube ist die absolute innere Gewissheit, dass das Geglaubte in Erscheinung treten muss, wenn ich mein Bewusstsein immer wieder auf das Geglaubte richte. Glauben ist verursachen. Sie erleben, wovon Sie glauben beziehungsweise wovon Sie überzeugt sind. Ihre Ansichten und Überzeugungen bestimmen die Erfahrung, die Sie daraufhin machen. Glauben heißt, »als wahr akzeptieren«. Das können Sie ganz praktisch nutzen: Sie gehen in den erfüllten Endzustand, Sie nehmen Ihr Ziel geistig in Besitz und tun so, als ob Sie es im *Jetzt* bereits erreicht hätten. Durch die geistigen Bilder, Gedanken und Worte mobilisieren Sie Ihre Kräfte, aber auch die *eine Kraft*. Mit einem starken Glauben und Selbstvertrauen antwortet das Leben auf seine Weise und schenkt Ihnen alles, was Sie sich wünschen und was Sie für möglich halten.

Wie aber kommen Sie zu diesem wunderwirkenden Glauben? Da ist zunächst der königliche Weg der Erkenntnis. Sie können sich die geistigen Gesetze und ihre Gültigkeit und Wirksamkeit bewusst machen und über die Anwendung dieser Gesetze zu diesem erfüllenden Glauben finden. Dazu bedarf es der steten Wiederholung, bis der Glaube zur Gewissheit geworden ist. Je nach Art Ihres Glaubens arbeitet dieser für oder gegen Sie: Die Kraft des Glaubens verwirklicht das, wovon Sie innerlich fest überzeugt sind.

Glaube ist also nicht nur wiederholte Bejahung, sondern das Erkennen und Annehmen der inneren Wirklichkeit und die Gewissheit der Verwirklichung des gläubig Bejahten. Auch wer nicht glaubt, glaubt in Wirklichkeit – nur eben das Gegenteil des Erwünschten. Zweifel ist Glaube, der gegen Sie arbeitet. Lenken Sie aber die Kraft des Glaubens auf Ihr Ziel und wiederholen dies immer wieder, so schaffen Sie damit eine innere Wirklichkeit, die im Außen in Erscheinung treten muss!

Sie können glauben lernen durch Erfahrungen. Viele Menschen können nicht mehr glauben. Ihnen fehlt vor allem das

Urvertrauen, eingebettet zu sein in die Harmonie und Ordnung der Schöpfung. So beginnt der erste Schritt, glauben zu lernen, wieder ganz bewusst ein Teil der allumfassenden Ordnung zu werden. Das heißt, seine Angelegenheiten und sich selbst in die Ordnung zu bringen und zu halten. Sie können mit ganz kleinen Schritten beginnen, indem Sie sich bewusst machen, was Sie gerade noch glauben können. Tritt das dann in die Verwirklichung, haben Sie ein Glaubenserlebnis. Viele solcher Erfolgserlebnisse führen dann zur Glaubenserfahrung. So lernen Sie, Schritt für Schritt aus Erfahrung zu glauben und glauben so immer mehr an sich selbst.

Trainieren Sie das Verursachen von Glaubenserlebnissen im Alltag:

- Ich finde immer einen freien Parkplatz, wenn ich einen brauche.
- Ich verursache eine interessante Begegnung.
- Ich finde den optimalen Mitarbeiter.
- Ich finde den richtigen Dialog in allen Kommunikationsbeziehungen.
- Ich meistere eine schwierige Aufgabe.
- Ich erhalte einen lukrativen Auftrag.
- Ich will mich beruflich verbessern und habe auf Anhieb mit der ersten Bewerbung Erfolg.
- Ich finde die richtigen Ideen für meine berufliche Erfüllung.

Die positiven Impulse, die das Negative in Ihnen auflösen, entspringen Ihrem Glauben. Glaube und Denken sind wechselseitig voneinander abhängig: Ein bestimmter Glaube nährt ein bestimmtes Denken, während dieses Denken wiederum den entsprechenden Glauben stärkt.

Dominieren negatives Denken und Glauben, setzt sich eine entsprechende Negativspirale in Gang. Diese gilt es zu stoppen und ins Positive zu drehen. Wer wirklich glaubt, woran auch immer, setzt dadurch riesige Energien frei, die das scheinbar Unmögliche ermöglichen. Der wahrhaft Glaubende hat die Macht, alles zu erreichen oder sich von allem zu trennen.

Erst durch den Glauben wird die Vorstellungskraft mächtig und vollkommen. Zweifel schwächt Ihre Vollkommenheit. Der Glaube stärkt die Vorstellungskraft, denn der Glaube bringt den Willen hervor. Wichtig: Ihr Denken muss konsequent, Ihr Glaube an das, was Sie erreichen wollen, muss fest sein. Glaube ist also nicht nur Bejahung, sondern Gewissheit der Wahrheit und Verwirklichung des gläubig Bejahten.

## Schritt 6: Bewussten Umgang pflegen

Ein gesundes Selbstvertrauen entsteht durch die Gedanken und Worte, die wir uns den lieben langen Tag sagen. Einen großen Einfluss auf unser Selbstbewusstsein haben aber auch die Gedanken und Worte, die von außen auf uns einströmen. Darum wählen Sie Ihr Umfeld genau aus.

Treffen Sie die bewusste Entscheidung, mit wem Sie Umgang und Freundschaft pflegen. Familie und Freunde haben einen größeren Einfluss auf uns, als wir meinen. Fragen Sie sich ganz kritisch:

- Wer tut mir gut?
- Wer schürt Selbstzweifel?
- Wer ist mir wohlgesonnen?
- Nach welchen Gesprächen fühle ich mich wütend, geschwächt, aus meiner Mitte?
- Wer hat eine aufbauende Energie?

Ziehen Sie ehrliche Bilanz und wenn es sein muss, einen Schlussstrich unter bestimmte Beziehungen. Wenn es sein muss, halten Sie auch Abstand zu Familienangehörigen und Verwandten. Es gibt Wahlverwandtschaften und Qualverwandtschaften. Wer sagt denn, dass Sie Ihre Zeit und Ihr Leben mit Menschen verbringen müssen, die Ihnen nicht guttun? Für ein starkes Selbstvertrauen ist es wichtig, sich von engstirnigen, negativen, kleinen Geistern fernzuhalten. Umgeben Sie sich mit Menschen, die folgende Eigenschaften zeigen. Menschen, die Ihr Selbstvertrauen stärken, sind:

- aufbauend
- ermutigend
- begeisternd
- kraftvoll
- optimistisch
- offen für Humor und Lachen
- positiv zum Leben eingestellt
- lösungsorientiert

- zielorientiert
- offen für Neues

Durch das Zusammensein mit solchen wahren Freunden werden Sie einen deutlichen Zuwachs Ihres Selbstvertrauens spüren, da sich ein Synergieeffekt ergibt.

## Schritt 7: Aus Erfahrungen lernen

Zum Aufbau eines gesunden Selbstvertrauens gehört eine wichtige Erkenntnis, die da lautet: Es gibt im Leben keine Fehler, sondern Erfahrungen, aus denen Sie lernen können. Jeder (vermeintliche) Fehler ist in Wahrheit eine Chance für Wachstum und Entwicklung. Das Wort Fehler sagt es bereits deutlich: Ein Fehler zeigt Ihnen, wo noch etwas fehlt. Zum Beispiel Wissen und Weisheit.

Ärgern und grämen Sie sich darum nicht, wenn mal etwas schief gelaufen ist. Verändern Sie den Blickwinkel weg von der Selbstverurteilung hin zu Neugierde und Offenheit. Schauen Sie sich die Botschaft an, die darin verborgen ist. Freuen Sie sich, wenn Sie einen Fehler gemacht haben, denn dadurch erwartet Sie das Geschenk der Einsicht.

## Schritt 8: Bewusster Umgang mit Kritik

Lob ist Dünger, Kritik ist Gift! Wie gehen Sie mit Nörgelei und Kritik um? Wem räumen Sie das Recht ein, Sie zu kritisieren? Hier ist die unterscheidende Weisheit wichtig: Ist die Kritik berechtigt? Oder versucht ein anderer, mit kritischen Äußerungen seinen eigenen Frust und Groll loszuwerden? Ignorieren Sie Nörgelei und unberechtigte Kritik. Stellen Sie die Ohren auf Durchzug. Was hat diese Kritik mit Ihnen zu tun? Nichts! Es ist Sache des Anderen und dort soll sie auch bleiben. Die beste Taktik ist es, einfach keine Reaktion zu zeigen und den Kritiker so ins Leere laufen zu lassen. Wenden Sie Ihre Aufmerksamkeit einfach etwas anderem, Aufbauendem zu.

Bei Freunden, von denen wir genau wissen, dass Sie es gut mit uns meinen, sollten wir genau hinhören, wenn Sie uns kritisieren. Wo haben wir nicht unser Bestes gegeben? Wo waren wir nicht authentisch? Diese Art von konstruktiver Kritik bringt uns viel weiter als Schmeichelei und übertriebene Komplimente. In diesem Fall ist Kritik ein hilfreiches Mittel, das uns fordert und fördert. Sie stärkt unser Selbstvertrauen – unser Zutrauen in uns *selbst*.

## Schritt 9: Die eigene Wertschätzung

Feiern Sie sich selbst! Wenn Sie eine wirklich gute Leistung erbracht, einen Erfolg oder ein besonderes Ziel erreicht haben – loben Sie sich. Erkennen Sie sich selbst, Ihre Taten und die darin zu Grunde liegende Schöpferkraft an. Ja, Sie sind wirklich gut. Sie haben das Beste verdient und Sie können es jederzeit erreichen. Jeder Etappensieg, jeder kleine Erfolg ist Wegbereiter für den nächsten Schritt zu einem noch größeren Ziel, einem noch schöneren Erfolg. Seien Sie gut zu sich auf diesem Weg und bringen Sie sich selbst Anerkennung und Wertschätzung für das jeweils Erreichte entgegen. Das ist ein Turbolader zur Stärkung des Selbstvertrauens. Und lernen Sie auch, ehrliche Komplimente anzunehmen und sich darüber zu freuen.

Zur eigenen Wertschätzung gehört auch die Frage, ob die Erreichung eines angestrebten Zieles Ihnen natürlich vorkommt. Der Grund dafür, dass viele Menschen ihre Träume nur selten verwirklichen, liegt darin begründet, dass es ihnen nicht natürlich vorkommt, das zu sein, was sie sich wünschen. Sie fühlen sich nicht wert, diesen Erfolg zu haben. Das ist das Geheimnis hinter ihrem Versagen, ganz gleich, um was es sich handelt. Wenn Sie sich nicht wert fühlen, werden Sie die gewünschte Position, das angestrebte Vermögen, die Traumstelle nicht bekommen.

## Schritt 10: Bescheidenheit

Bescheidenheit kommt von Bescheid wissen. Die wahre Größe resultiert nicht aus dem Ego, sondern aus dem *Selbst*. Ein Mensch, der Bescheid weiß, ist bescheiden. Er erinnert sich bei Erfolgen immer an den Weg, den er zurückgelegt hat. An die Hindernisse, die er überwunden hat. An Wegbegleiter, an hilfreiche Hände. Dieser Blick zurück sollte immer mit Freude und Dankbarkeit verbunden sein für die Erfahrungen, die glücklichen Fügungen, für all das, was Sie letztlich dorthin gebracht hat, wo Sie jetzt stehen.

## Schritt 11: Wissensdurst

Die Verpflichtung zu lebenslangem Lernen, die Offenheit für Neues, der stetige Wissensdurst – diese Qualitäten bringen Sie voran und geben Auftrieb für Ihr Selbstvertrauen. Wer sich auf seinen Lorbeeren ausruht, trägt sie an der falschen Stelle. Denn Sie wissen, dass die Vergangenheit vorbei ist, und dass nur durch Ihr bewusstes *Sein* in der Gegenwart und dem stetigen Wachsen ganz automatisch eine erfolgreiche und erfüllte Zukunft erwächst. Leben heißt Lernen – jeden Tag aufs Neue, mit Freude und in Selbstverantwortung.

## Schritt 12: Im Gewinnerbewusstsein leben

Zu einem starken Selbstbewusstsein gehört, im Gewinnerbewusstsein zu sein. Zu Beginn eines jeden Spiels, stehen die Gewinner bereits fest. Wer über die Ziellinie geht, ist eine Frage des mentalen Bewusstseins. Ob Sie ein Verlierer oder Gewinner sind, ist eine Frage der inneren Haltung.

Auch Sie sind ein Gewinner. Zum Gewinnerbewusstsein gehört, dass Sie nicht aufgeben. Auf dem Weg zum Sieg, zum Erfolg, gibt es auch Niederlagen und Verluste. Wer zu Boden geht und liegenbleibt, hat verloren. Ein Gewinnertyp steht auf und macht weiter. Und das so lange, bis er sein gestecktes Ziel erreicht hat. Jeder Verlust ist die Chance zu lernen, das eigene Wissen und die persönliche Leistung zu verbessern. Dann steht das Endergebnis fest: Ich gewinne und erreiche mein Ziel.

Es kann sein, dass Sie sich mehr als einmal bis zum Äußersten anstrengen müssen, aber der Weg zu Erfolg und Reichtum ist nie ein Weg ausschließlich harter Arbeit. Vielmehr ist es ein Weg, zunächst einmal Erfolgshindernisse zu erkennen und aufzulösen, Ballast abzuwerfen und dann seine Fähigkeiten zu erkennen und optimal einzusetzen. Ein weiteres Erfolgsgeheimnis ist die Fähigkeit, Chancen zu erkennen und auch zu nutzen, die das Leben ständig bietet.

Erfolg hat nicht alleine etwas mit Intelligenz und Fleiß zu tun, auch wenn beides sehr hilfreich ist. Es gibt genügend intelligente und fleißige Menschen, die es nie wirklich zu etwas im Leben bringen. Ob Sie gesund und erfolgreich oder arm und krank sind, kostet Sie die gleiche Energie, nur ist das Erstere wesentlich angenehmer. Wenn Sie als Verlierer im Mangel leben, zeigt das nur, dass Sie etwas falsch machen. In jedem Augenblick haben Sie die Chance, dies zu ändern. Die erforderliche Änderung in Richtung Gewinnerbewusstsein ist immer eine Änderung Ihres Bewusstseins, Ihrer inneren Überzeugungen, Bilder und Verhaltensmuster. Denn dort entstehen die Ursachen für das, was wir Schicksal nennen. Wir alle haben unser Schicksal, tragen es mehr oder weniger geduldig, aber kaum jemand fragt sich einmal, warum er unter diesen Umständen lebt, was genau diese Umstände verursacht hat und wie man sie eventuell ändern könnte. Lieber hoffen wir auf ein Wunder. Der Kranke hofft auf die medizinische Kapazität, die ihn rettet, oder ein neues Heilmittel – um danach genauso falsch weiterzuleben. Der Arme will schnell reich werden – am besten durch einen Lottogewinn, bei dem man mit geringstem Einsatz ein Maximum herausholt. Der Einsame träumt vom idealen Partner, der ihm alle Wünsche von den Augen abliest – ohne zu fragen, ob er selbst der ideale Partner für einen anderen ist.

Das Gesetz des Schicksals hat aber keine Entscheidungsfreiheit. Es gibt auch keine Schicksalsverteilungsstelle im Universum. Vielmehr gibt es nur Ursache und Wirkung. Die Schöpfung nennen wir Kosmos. Und das heißt übersetzt Ordnung. In dieser Ordnung ist kein Platz für Glück oder Pech oder Zufall. Zufall ist nichts anderes als das, was Ihnen auf Grund Ihres So-*Seins* »zufällt«. Ihr Schicksal ist ein Spiegelbild Ihres *Seins*.

Jeder Ihrer Gedanken ist ein Baustein Ihres Schicksals. Schicksal entsteht durch Eigenwilligkeit, durch das Ego. Sobald Sie nur noch »*seinen*« Willen erfüllen, also im *Selbst* im Einklang mit der *einen Kraft* leben, kann Sie das Gesetz des Schicksals nicht mehr erreichen. Sie wollen sich vom Schicksal befreien? Ganz einfach: Lassen Sie Ihren Eigenwillen los, indem Sie sich nicht mehr fragen: »Was will ich vom Leben?«, sondern: »Was will das Leben von mir?« Sie verstehen das Schicksal erst, wenn Sie die »Sprache der Lebensumstände« und die »Botschaft Ihres Körpers« verstehen. Schicksal (lateinisch »sal« = Heil) bedeutet, dass Ihnen etwas geschickt wird, damit Heilung in Ihnen geschehen kann.

So spricht der Körper durch »Schicksalsschläge«, durch die Sprache von Krankheit, Schmerz und Leid oder durch einen Unfall zu Ihnen. Erkennen Sie dies als Lektionen, die das Leben Ihnen sendet, weil Sie sie »notwendig« gemacht haben. Notwendig bedeutet, um die Not zu wenden, in die Sie Ihr falsches Denken, Reden und Handeln geführt haben.

Ganz gleich, was das Schicksal Ihnen schickt, alles sind nur Chancen zu lernen. Alles will Ihnen dienen und helfen. So können Sie allmählich die Wahrheit erkennen: »Alles ist gut, wie es ist.« Das heißt nicht, dass es so bleiben soll, aber in diesem Augenblick ist es das Beste, um Ihnen zu helfen, das Richtige zu tun. Lernen Sie das Schicksal verstehen durch die geistigen Gesetze. Dann erkennen Sie, dass alles Sie nur zurückführen will in die Einheit, in das Einssein mit der *einen Kraft*. Einheit ist aber ohne Ehrlichkeit nicht möglich. Ehrlichkeit heißt: Wahrhaftigkeit, Achtsamkeit und Bescheidenheit. Nur wenn ich ehrlich und authentisch bin (aufrichtig mir selbst gegenüber), kann ich die Wahrheit in allem erkennen und damit wird Schicksal letztlich überflüssig.

Jeder bekommt also vom Schicksal das, was er verursacht, nicht mehr, nicht weniger und nichts anderes. Wir alle sind Schöpfer, Träumer und Überwinder unseres Schicksals. Schicksal ist immer ein »Maßanzug«; er ist einmalig – passgenau für Sie. So werden Sie auch niemals überfordert, auch wenn Sie sich manchmal so fühlen mögen. Ihre Verhältnisse gestalten Sie jederzeit selbst durch Ihr Verhalten. Sie möchten Ihre Verhältnisse ändern? Ändern Sie zuerst Ihr Verhalten.

Es gibt kein unverdientes Glück und auch kein unverdientes Leid. Sie haben es selbst in der Hand. Sie sind darum auch der einzige Mensch, der Sie selbst glücklich machen kann. Allerdings sind Sie auch selbst der Einzige, der sich unglücklich machen kann. Sie sind Mitschöpfer und bestimmen durch die Öffnung Ihres Bewusstseins selbst die Umstände, in denen Sie sich befinden, die Stufe, auf der Sie leben, Sie geben sich selbst Ihren Wert und genießen genau so viel Achtung, wie Sie sich selbst erweisen.

Mit einem starken Selbstvertrauen können Sie ein Leben der Selbstverwirklichung leben. Sie verwirklichen Ihr *Selbst*. Sie bringen das nach außen, was Sie in Ihrem Inneren sind. Und so werden Sie Tag für Tag der oder die Beste, die Sie sein können. Ihre Talente und Ihre Fähigkeiten dienen Ihnen dazu, aus Ihrem Leben ein Meisterwerk zu machen und dadurch Ihren Mitmenschen und dem großen Ganzen zu dienen. Selbstverwirklichung entsteht ganz automatisch als Folge eines unerschütterlichen Selbstvertrauens. Sie leben dann genau so, wie Sie vom Schöpfer, von der Schöpfung, gemeint sind.

## Das Gesetz des Selbstvertrauens auf einen Blick

- Wenn Sie Ihrem *Selbst*, dem Wesen, das getragen ist von der *einen Kraft*, wirklich vertrauen, können Sie auch anderen vertrauen.
- Das Wissen um Ihr Selbstbild, Selbstachtung und Selbstliebe führen zu Selbstvertrauen.
- Selbstvertrauen ist der unerschütterliche Glaube an sich *selbst*.
- Je mehr Selbstvertrauen Sie haben, desto mehr vertrauen andere Ihnen.

- Selbstvertrauen können Sie strategisch aufbauen durch folgende Schritte: sich mögen, Konzentration auf Stärken, Vertrauen gewinnen, Grenzen überprüfen, den Glauben stärken, bewussten Umgang pflegen, aus Erfahrungen lernen, bewussten Umgang mit Kritik lernen, die eigene Wertschätzung steigern, Wissensdurst und im Gewinnerbewusstsein leben.

# 8. Das Gesetz des Selbstbewusstseins

Das Leben ist wie ein Kartenspiel, bei dem die Karten offen ausgelegt werden. Jeder kann sich die besten Karten, die vier Joker, im »Spiel des Lebens« nehmen:

1. Disziplin (Lateinisch »discipulus«, der Schüler): Das bedeutet die lebenslange Offenheit für stetiges Lernen.
2. Achtsamkeit: Das Leben im Hier und Jetzt mit der Wachsamkeit dafür, was das Leben gerade in diesem Augenblick von Ihnen möchte.
3. Beharrlichkeit: Eine Aufgabe ist erst dann beendet, wenn sie erfolgreich abgeschlossen ist.
4. Selbst-bewusst-*sein*

Sie können diese vier Joker und die 8 ultimativen Gesetze der Selbstverantwortung ganz gezielt nutzen, das Leben zu leben, das Sie sich schon immer gewünscht haben. Die meisten Menschen leben gar nicht wirklich, sie träumen nur vom Leben, und sehr oft ist das ein Alptraum. Aber auch wenn es ein schöner Traum ist, ist es ein Traum. Sie können vielfältig träumen: Sie können sich gesund träumen oder erfolgreich. Sie können sich geliebt oder liebend träumen. Sie können sich Macht, Erfolg, Gesundheit, Ruhm, Reichtum träumen. Sie können sich auch erleuchtet träumen.

Wenn Sie Ihren Traum verwirklichen wollen, sollten Sie *aufwachen* und Ihre wahre Identität erkennen, annehmen und leben. Das geschieht, wenn Sie sich als Schöpfer wirklich erkennen und akzeptieren, der zunächst auf der Traumebene geübt hat. Nun aber wartet die Wirklichkeit darauf, von Ihnen bestimmt zu werden. Und alles ist möglich – es gibt keine Grenze, außer denen, die Sie sich selbst schaffen.

Auch auf der Ebene der Wirklichkeit kann ich alles schaffen; nicht nur träumen, sondern bewusst erleben. Bin ich ganz erwacht als der, der *ich bin*, erlebe ich bewusst *Erleuchtung*. Aber das ist erst der Anfang; dann beginnt mein eigentliches Leben. Das scheinbare Ziel ist erst der Anfang vom eigentlichen Leben als die *eine Kraft*, die *eine Gegenwart*. Als die *eine Kraft* zu leben heißt, die Schöpfung bewusst mitzugestalten, meine Vollmacht dazu zu erkennen, diese mit Freude anzunehmen und weisen Gebrauch zu machen. Es beginnt damit, dass ich meinem Nächsten helfe, sobald ich mich als Aufgabe gelöst habe, dass ich meine Umgebung heile und der Umwelt helfe. Dass ich Verantwortung für das Ganze übernehme, dass ich durch die Welt gehe und tue, was zu tun ist, bis ich bereit bin, mir eine eigene Welt zu schaffen.

Und so lasse ich die eigene Vollkommenheit auch im Außen vollkommen in Erscheinung treten, so dass Schöpfer und Geschaffenes *eins* sind. Das bedeutet schöpferisch und göttlich zu leben. Die wichtigste Frage lautet darum immer wieder: Wer bin ich? Mit wem oder was identifiziere ich mich? Als wen empfinde ich mich? Als wer lebe ich?

Die größte Entdeckung, die man im Leben machen kann, ist die Erkenntnis, wer ich wirklich bin. Das bedeutet wahrhaftig zu erkennen, dass ich einen Körper habe, aber nicht der Körper bin. Ich habe einen Verstand, ein Gemüt, ein Ego, eine Persönlichkeit usw. Aber das alles bin ich nicht. Machen Sie sich alle Ihre verschiedenen Aspekte bewusst und klären Sie nun – nach der Durcharbeitung dieses Buches – erneut, mit wem Sie sich identifizieren. Wenn Sie in den Spiegel schauen, sehen Sie Ihren Körper. Sie können sagen: »Das ist mein Körper.« Wer aber sagt das? Der Körper kann sich ja nicht selbst gehören. Es muss also jemand in diesem Körper sein, der sagt: »Das ist mein Körper.« Der Körper ist Materie. Materie kann nicht denken, kann nicht fühlen, kann sich nicht erinnern. All das kann nur Bewusstsein, Geist. Ich – mein *Selbst*, das geistige Wesen, das *ich bin* – aber kann denken, fühlen, sich erinnern. Es hat Sehnsucht nach seiner eigenen Vollkommenheit.

Also *bin ich* Bewusstsein. Ich bin nicht der Körper, nicht der Verstand, nicht das Gemüt und auch nicht das Unterbewusstsein, nicht der Name, den ich trage, und auch nicht die Rolle, die ich spiele. *Ich bin* vollkommenes, unsterbliches Bewusstseins. *Ich bin* ein Teil des einen, allumfassenden Bewusstseins. Ich war immer und werde immer sein, denn *ich bin*. Ich komme aus der Einheit und bin auf dem Weg über die Vielfalt zurück zur Einheit.

Ich lebe in einem guten, wunderbaren Universum. Ich bin nicht ein Teil dieses Universums, sondern *ich bin* der Mittelpunkt des Universums, in dem sich das Ganze konzentriert und vollkommen enthalten ist. Ich entscheide bewusst oder unbewusst, welchem Bereich der Vollkommenheit des Ganzen ich mich öffne. Wenn es geschehen soll, muss ich es – wollen, können, tun, *sein*. Das Universum, das *Ich bin*, ist bereit, mir *alles* zu geben.

*Ich bin* Bewusstsein, ein Individuum, ein untrennbarer Teil des *einen Bewusstseins*, das wir die *eine Kraft* nennen. Ich werde weder geboren, noch kann ich alt werden oder sterben. Das alles sind Erfahrungen des Körpers. *Ich* aber *bin*, war immer und werde immer sein. Das führt zur Ehrfurcht vor sich selbst.

Wie man im höchsten Bewusstsein bleibt, zeigt eine schöne Geschichte:

Ein Mann, der den Zustand von Erleuchtung erlebt hatte, aber das höchste Bewusstsein nicht halten konnte, fragte einen Meister um Rat. Der Meister antwortete: »Ich kenne einen Menschen, der ständig im höchsten Bewusstsein ist. Es ist ein König in einem fernen Land. Geh zu ihm und frag an, ob er dir sein Geheimnis preisgibt.« Der Mann begab sich auf die mühselige Reise und erreichte schließlich den besagten König. Er bat ihn, ihm das Geheimnis zu verraten, wie man ständig im höchsten Bewusstsein bleibt.

Der König sagte: »Das will ich gerne tun, doch zuvor musst du eine Prüfung bestehen, damit ich sehe, ob du würdig bist, Weisheit zu empfangen. Die Aufgabe besteht darin, dass du eine randvoll mit Wasser gefüllte Schüssel auf deinem Kopf einmal um den Palast tragen musst. Auf deinen Fersen folgt der Scharfrichter mit gezücktem

Schwert. Verschüttest du auch nur einen Tropfen Wasser, schlägt er dir den Kopf ab. Möchtest du jetzt immer noch das Geheimnis erfahren?« Der Mann nickte: »Ja, und wenn es mich mein Leben kostet.«

Der Mann setzte die Wasserschüssel auf seinen Kopf und begann mit der Palastumrundung, dicht gefolgt vom Scharfrichter. In allerhöchster Konzentration meisterte der Mann erfolgreich die Aufgabe und kam bei dem König an. »Verrätst du mir nun das Geheimnis?« Der König nickte: »Ja, aber du kennst es bereits. Ich mache es genau wie du gerade, aber ständig.«

Wasser tragen ist in dem fernen Land Frauenarbeit und gilt für einen Mann als niederste Tätigkeit. Das Geheimnis besteht darin, keine Erniedrigung oder niedere Tätigkeiten zu kennen, sondern in jedem Augenblick die gestellte Aufgabe in höchster Achtsamkeit und im höchsten Bewusstsein zu erfüllen: im *Ich bin*-Bewusstsein. Wenn Sie zu Bewuss*sein* gekommen sind und ständig im *Ich bin*-Bewusstsein *sein* möchten – eins mit der *einen Kraft* –, kann es hilfreich sein, die nachfolgende Meditation regelmäßig zu üben. Ziehen Sie sich an einen ruhigen Ort zurück. Vielleicht mögen Sie eine schöne Kerze und eine Aroma-Duftlampe entzünden. Nun machen Sie es sich einmal ganz bequem und spüren Sie in sich hinein:

Ich mache mir einmal meine Mitte bewusst und werde mir in meiner Mitte bewusst. Vollkommen gelöst ruhe ich in meiner Mitte. Von dieser Mitte aus lasse ich nun mein

Bewusstsein weiter werden, bis es meinen ganzen Körper ausfüllt. Ich spüre wie mein Bewusstsein die Grenzen meines Körpers überall gleichzeitig berührt.

Dann öffne ich von innen mein Kronenchakra, die höchste Stelle meines Kopfes, und wachse über mich hinaus. Ich lasse mein Bewusstseinsfeld so weit werden, dass es überall meinen Körper überschreitet. Ich bin nicht mehr im Körper, der Körper ist jetzt in mir.

Nun tauche ich ganz bewusst ein, in die mich überall umgebende kosmische Energie und werde so eins mit der *einen Kraft*. Erkenne, *ich bin* die *eine Kraft*. Über mein weit geöffnetes Kronenchakra lasse ich nun die *eine Kraft*, die *ich bin*, in mich einströmen. Lasse meinen ganzen Körper, mein ganzes Sein erfüllen mit der *einen Kraft* und lasse sie als Heilkraft in mir wirken.

Ich spüre bewusst, wie das Heilsein, die Vollkommenheit der *einen Kraft* alles Unheil in meinem Körper, in meinem ganzen Sein auflöst, und erlebe bewusst, wie ich immer heiler werde. Ich lasse bewusst in meinem Körper, in meinem ganzen Sein Heilung geschehen.

Und wenn ich bereit bin, bleibe ich von nun an eins mit der *einen Kraft* und lasse so *ständig* Heilung in mir geschehen, so dass Krankheit nicht mehr geschehen kann. Ich kenne damit das »Geheimnis immerwährender Gesundheit« und bin ständig in der Kraft.

Und während in meinem Körper, meinem ganzen Sein weiter Heilung »geschieht«, schließe ich mich bewusst an das »Informationsfeld des Allbewusstseins« an und lasse Intuition geschehen. Ich erlebe, dass ständig Intuition geschieht, dass bisher nur der ununterbrochene Strom meiner Gedanken den Empfang blockiert hat.

Hier, über mich hinausgewachsen, ist absolute Gedankenstille, und ich empfange ständig Intuition. Wenn ich bereit bin, bleibe ich von nun an *ständig* »auf Empfang«, lebe in und aus der Intuition. Ich fälle keine Entscheidung mehr, sondern »treffe« sie durch meine Intuition. Ich bin so zur rechten Zeit am rechten Ort und kann dort das Richtige tun.

Die »Illusion der Trennung« ist beendet, und ich bin wieder in mein wahres Sein zurückgekehrt. Ich bin wieder ganz bewusst, der *ich bin*. Ich habe begonnen, meinen Körper zu durchgeistigen und meinen Geist zu verkörpern. Ich bin in der ständigen Achtsamkeit und in der Wahrnehmung der Wirklichkeit. Ich erkenne »Ein-Sicht« als Universalheilmittel der Zukunft. Wahre Ein-Sicht verwandelt den Erkennenden in das, was er erkennt.

Ich erkenne, dass in Wirklichkeit alles ganz einfach ist. Vollkommen zu sein, heißt nur, vollkommen *zu sein*. Ich erkenne auch, ich kann alles erreichen. Ich erkenne auch, dass Lernen in Wirklichkeit, »Erinnerung an die Wirklichkeit« ist.

Meine wichtigste Beziehung ist die zu mir selbst, denn ich bin auserwählt, ich selbst zu sein. Ich kann nicht mehr sein, als *ich bin*.

Der Weg von der Persönlichkeit zum Meister, vom »Ich« zum »*Selbst*«, ist in Wirklichkeit nur die Erkenntnis, dass ich immer schon ich *selbst* war, immer sein werde und auch in diesem Augenblick *bin*.

Nachdem Sie nun alle 8 Gesetze der Selbstverantwortung kennengelernt haben, sollten sie die wichtigsten Fragen des Erkenntnisweges erneut stellen:

- Warum bin ich?
- Warum bin ich hier?
- Was ist meine Lebensaufgabe und wie erfülle ich sie?
- Warum lebe ich?
- Was ist der Sinn meines Lebens?
- Welches Bewusstsein spiegeln mir meine Lebensumstände?
- Welche Mission habe ich hier zu erfüllen?
- Warum bin ich so, wie ich bin?
- Wie sollte ich sein und wie erreiche ich das?
- Welche Wege gibt es und was ist mein Ziel?
- Ist der Tod die »Krönung meines Lebens«?
- Warum inkarniere ich immer wieder?
- Wer oder was entscheidet über meine Inkarnationen?
- Wo bin ich wirklich »Zuhause«?
- Wie werde ich frei von Raum und Zeit?

Ziehen Sie im Laufe Ihres Lebens immer wieder Bilanz. Fragen Sie sich, ob Sie (noch) auf dem richtigen Weg sind und ob der eingeschlagene Weg wirklich zu Ihrem Lebensziel führt. Was erfüllt ist und losgelassen werden kann, was noch offen ist und beachtet und verwirklicht werden soll.

Tief in jedem Menschen steckt eine starke Sehnsucht, die nach Erfüllung verlangt. Wir alle suchen nach Erfüllung und glauben meist, diese im Außen, im Erfolg zu finden. Jeder sucht Erfüllung woanders. Der eine in einem blendenden Äußeren, der andere in Statussymbolen und wieder ein anderer im Aufstieg auf der Karriereleiter. Das alles sind nur Scheinziele, denn selbst wenn ein solcher Wunsch in Erfüllung geht, steht am Ende doch die Enttäuschung. Denn Erfüllung kann man im Außen niemals finden. Erfüllung findet sich nur, wenn ich mich selbst, mein *wahres Selbst* gefunden habe, wenn ich erkannt habe: *wer ich wirklich bin.*

Denn jede Sehnsucht ist immer nur die Suche nach sich selbst. Dazu gehört auch, welche Wünsche ich noch an mein Leben habe und wie ich sie erfüllen kann. Welche Absichten ich habe und welche Aussichten?

Fragen Sie sich:

- Was bleibt noch zu tun?
- Was hat Priorität?
- Wie kann ich es verwirklichen?
- Was ist mein nächstes Ziel?
- Wie ist der Weg dorthin?
- Was sind die ersten Schritte?
- Wann fange ich an?

Was hinter Ihnen liegt, ist unbedeutend im Verhältnis zu dem, was *vor* Ihnen liegt. Aber auch, was vor Ihnen liegt ist winzig im Vergleich zu dem, was *in* Ihnen liegt. Zu entdecken, was in Ihnen liegt, und damit optimal zu meistern, was vor Ihnen liegt – dazu ermutigen die 8 ultimativen Gesetze der Selbstverantwortung.

Ich bin freiwillig durch das »Tor der Geburt« eingetreten in die Zeit dieser Welt, in die Dualität, um am »Spiel des Lebens« teilzunehmen. Und dieses Spiel findet mir zur Freude statt, um mir die Möglichkeit zu geben, die Vollkommenheit meines wahren *Seins* zu erleben, zu werden, der *ich bin* und immer war. Dieses Spiel können Sie darum nur gewinnen. In diesem Spiel können Sie Ihr Schicksal frei bestimmen und die Umstände, in denen Sie leben wollen. Ein Spiel, in dem Ihr Glück nicht abhängig ist von den Umständen, sondern von Ihrer Fähigkeit, das Spiel zu genießen.

Das Spiel des Lebens gibt Ihnen nur Gelegenheit, sich wieder zu erinnern. *Ich bin* seit dem Anfang aller Zeit. Meine Geburt ist nur der Beginn eines neuen Spielabschnitts im ewigen Spiel des Lebens.

Genießen Sie den Weg durch ein Leben im Tao: Finden Sie Ihre Mitte und leben Sie aus dieser Mitte heraus. Erkennen Sie, dass der Weg das Ziel ist. Solange *ich* auf dem Weg *bin*, *bin ich* am Ziel, und das Leben ist mein individueller Einweihungsweg. Das bedeutet, den Weg zu genießen und in der »Leichtigkeit des Seins« zu leben! Sie können entscheiden, ob es ein schwerer Weg sein wird oder ob Sie voll Freude die Hauptrolle spielen und den Weg genießen. Sie haben die freie Wahl in jedem Augenblick, wenn Sie bei *Bewusstsein* sind. Sie sind eingeladen, aus jedem Moment das Beste zu machen.

Schauen Sie sich die Auster an. Sobald Sandkörner in ihre Schale dringen, setzt sie alles daran, die lästigen Eindringlinge loszuwerden. Zumeist gelingt der Auster dies durch Beharrlichkeit. Gelingt es ihr nicht, dann macht die Auster das Beste daraus: eine Perle. Freuen Sie sich darauf, immer das Beste aus Ihrem Leben zu machen, ganz gleich, was geschieht. Zu einem Leben in höchster Selbstverantwortung gehört die Erkenntnis und das stetige Gewahrsein, wer Sie wirklich sind, die Erkenntnis des Bewusstseins und seiner Gesetzmäßigkeiten. Der entscheidende Schritt ist die richtige Anwendung dieser Macht für sich und andere. Damit beginnt Ihre Transformation, mit der Sie einen wichtigen Beitrag leisten für die Harmonie dieser Welt.

Mit den Füßen stehen Sie fest in Ihren Tagesaufgaben, in dem, was *jetzt* genau vor Ihrer Nase ist. Kopf und Herz aber leben immer bewusst auf der Ebene des Geistes. Von dort empfangen Sie immer mehr Intuition und Klarheit für Ihre *Selbst*verwirklichung.

Als ich dieses Wissen vor Jahrzehnten erhielt, begann die schönste Zeit meines Lebens. Viele Jahre habe ich mir so jeden Wunsch erfüllt und alles erreicht, was ich erreichen wollte. Auf diese Weise habe ich immer wieder auch scheinbar Unmögliches verwirklicht. Nun liegt diese interessante und faszinierende Zeit unmittelbar vor Ihnen. Nutzen Sie sie und bestimmen Sie von heute an Ihr Leben. Von heute an können Sie erreichen, was Sie wollen. Vor allem dürfen Sie ein Vorbild sein – für andere und auch für sich selbst. Als Meister Ihres *Selbstes* haben Sie soziale Verantwortung. Der Inhalt und die Freude Ihres Lebens darf es sein, andere Menschen an sich – an ihr *Ich bin*-Bewusstsein – zu erinnern, Götter zu wecken. So werden Sie selbst zum Weg – ein Weg der Freude in der Leichtigkeit des *Seins*.

# Das Gesetz des Selbstbewusstseins auf einen Blick

- Wenn Sie Ihren Traum verwirklichen wollen, sollten Sie aufwachen und Ihre wahre Identität erkennen und leben: Sie sind ein Schöpfer!
- Alles ist möglich. Es gibt keine Grenzen, außer den selbst auferlegten.
- Leben Sie im *Ich bin*-Bewusstsein als untrennbarer Teil des *einen Bewusstseins*, der *einen Kraft*.
- Als die *eine Kraft* zu leben, heißt Schöpfung bewusst mitzugestalten.
- Übernehmen Sie Verantwortung für das Ganze: Leben Sie schöpferisch und göttlich.
- Beenden Sie die »Illusion der Trennung«: durchgeistigen Sie Ihren Körper und verkörpern Sie Ihren Geist.
- Genießen Sie den Weg durch ein Leben im Tao (Ruhen im ewigen *Sein* im Hier und Jetzt) – das Leben ist ein Einweihungsweg.
- Erinnern Sie andere Menschen an ihr *Ich bin-Bewusstsein*, wecken Sie die Götter. So werden Sie selbst zum Weg.

# Ausklang

In höchster Selbstverantwortung zu leben und zu wirken – dies geschieht, wenn Sie mit den 8 ultimativen Gesetzen in *Ein*klang sind. Auf dem Weg dahin ist das Leben selbst Ihr Lehrer. Der Unterricht bei Herrn Dr. Alltag zeigt Ihnen in jedem Augenblick, ob Sie Ihre Hausaufgaben gemacht haben und vorbereitet sind auf die Prüfung: das Abenteuer Leben. Die Arbeit mit diesem Buch gleicht der Verwandlung einer Raupe zum Schmetterling. Sobald die Raupe spürt, dass etwas Neues werden will, verpuppt sie sich. Sie zieht sich zurück in einen Kokon. In der Stille geschieht Transformation – der Schmetterling wird geboren. Sobald der Schmetterling geboren ist, kann die Raupe nicht mehr Raupe sein. Die Raupe gibt es nicht länger, sie ist nun ein Schmetterling. Als Raupe hatte sie keine Ahnung vom Fliegen. Davon wagte sie als Raupe nicht einmal zu träumen. Sie hatte Angst, herunterzufallen. Die bisherige Erfahrung als Raupe hilft nicht mehr. Als Schmetterling darf sie fliegen lernen. Eine Raupe kann nicht fliegen, erst wenn sie sich bewusst als Schmetterling erkennt, sich mit sich selbst identifiziert, kann sie sich über ihr bisheriges Dasein erheben und das Fliegen genießen.

Nun kommen neue Herausforderungen, neue Risiken, neue Chancen, ein neues Leben. Ein Leben auf einer anderen Ebene des Seins.

Hören Sie nicht auf die Stimme der Raupe. Hören Sie ab *jetzt* nur noch auf die Stimme des Schmetterlings.

Mit guten Wünschen
Herzlich
Ihr
Kurt Tepperwein

# Außerdem von Kurt Tepperwein erschienen

**Bücher:**

Die Kraft der Intuition

Nie mehr ärgern, bewusster leben

Ihr Leben als Meisterwerk

Erfinde dich neu

Das Geldgeheimnis

Die Kunst mühelosen Lernens

Die geistigen Gesetze

Geistheilung durch sich selbst

Die hohe Schule des Lebens

Die Kunst, das Leben selbst zu steuern

Praxisbuch Mental-Training

Gesund für immer

Jungbrunnen Entsäuerung

Was Dir Deine Krankheit sagen will

Das macht mich krank

Die Botschaft Deines Körpers

**CDs:**

Jetzt verstehe ich mich

Selbstheilungskräfte aktivieren

Gesund und vital, Goldmann

Perfect Inner Health – Selbst-Hilfe bei Allergien

Perfect Inner Health – Selbst-Hilfe bei Migräne

Perfect Inner Health – Selbst-Hilfe bei Nervosität

Perfect Inner Health – Selbst-Hilfe für eine gute
Verdauung

Perfect Inner Health – Selbst-Hilfe bei Stress

Perfect Inner Health – Selbst-Hilfe bei Wetterfühligkeit

# Register